전면개정판

책 속에 모든 답이 있다

책으로 변한 내 인생

이재범(핑크팬더) 지음

★ ★ ★ ★ ★
2014년
한국출판문화산업진흥원
청소년 권장도서

책수레

차례

매일 책을 읽고
인생이 바뀌다

　내 인생에 가장 의미 있는 일을 딱 한 가지만 꼽으라고 하면 주저 없이 '책 읽기'라고 할 것이다. 더 정확하게 이야기하면 '책을 읽고 리뷰를 쓴 것'이다. 나는 사실 처음에는 그저 책을 읽었다. 지금의 나보다 더 발전하기 위해 읽은 것이 아니다. 아는 것이 없고 부족한 것이 많아 이 부분을 채우기 위해 읽기 시작했다.

　아무것도 없는 사람이 선택할 수 있는 가장 쉬운 방법은 '책 읽기'라고 생각한다. 누군가에게 아쉬운 소리를 하거나 부탁할 필요도 없다. 시간을 내서 혼자 조용히 책을 읽기만 하면 된다. 그 안에는 내가 알고 싶은 것들이 가득하다. 더욱이 책을 읽으면 사람들이 호의적인 시선으로 나를 바라본다는 장점도 있다.

　그렇게 나는 부족한 부분을 채우고 공부한다는 심정으로 책을 읽기 시작했다. 그 당시 나는 책은 소설만이 유일한 종류라고 알고 있을 정도였다. 엄청나게 다양한 분야의 책이 있다는 사실을 알고 처음에는 암담했다. 내가 원하는 분야의 책 중에서 무엇부터 읽어야 할지 몰라서 여러 사람이 추천한 책부터 읽기 시작했다.

매월 읽은 책 목록을 탁상 달력에 적기 시작했다. 매월 읽은 책이 쌓이면서 정리할 필요를 느꼈다. 매년 마지막 날에 한 해 동안 읽은 책을 월별로 정리해서 몇몇 인터넷 카페에 올렸다. 한 해에 읽은 책이 100권이 넘으니 사람들이 호의적인 반응을 보였다.

읽은 책 목록이 대부분 실용 분야에 치중되어 있다는 비판적인 시각도 있었지만, 대부분은 "책을 참 많이 읽네요."라는 반응을 보였다. 사람들이 점점 나를 주목해 주었다. 그러다가 책 읽기를 한 단계 더 발전시켜야겠다는 생각에 리뷰를 쓰기로 했다.

리뷰 형식이 어떤 것인지, 남들은 어떤 식으로 리뷰를 쓰는지 신경 쓰지 않았다. 단지 읽고 생각나는 그대로 썼다. 네이버 블로그에 리뷰를 올리고 인터넷 서점 몇 군데에도 리뷰를 올렸다. 몇몇 사람이 책 목록을 보고 어떤 식으로 책을 읽는지 물어보았다. 또 몇몇은 책을 추천해 달라고 요청하기도 했다. 꾸준히 리뷰를 올리면서 사람들이 나를 주목하기 시작했다.

신기하게도 내가 올린 책 리뷰를 보고 저자들에게 연락이 오기도 했다. 자신의 책을 리뷰해 줘서 고맙다는 사람도 있었고, 개중에는 만나고 싶다는 사람도 있었다. 몇 명은 직접 만나 대화를 나누기도 했다. 저자들은 자신이 카페를 운영하고 있으니 카페에 리뷰를 올려달라고 요청했다. 그렇게 카페에도 리뷰를 올리기 시작했다.

리뷰를 올리기 시작한 내 블로그 이름은 '천천히 꾸준히'다. 무언가를 집중적으로 열심히 하기보다는 느리더라도 꾸준히 하는 내 성향을 깨닫고 나서 정한 인생의 모토다. 이것을 블로그 이름으로 지었다. 리뷰를 올리는 일도 이 원칙에서 벗어나지 않았다. 1년에 100~150권 정도의 책을 읽는 것도 변함이 없다. 리뷰를 쓰기 시작한 이후로 단 한 권도 빼놓지 않고 모두 리뷰를 올렸다.

사실 리뷰는 정성 들여 쓴 것이라기보다 독서감상문에 가까웠다. 책을 읽고 느낀 점을 썼기 때문이다. 때로는 책과 그다지 관련없는 내용을 쓰기도 했다. 블로그에 리뷰를 올리기 시작한 후 몇 년이 지나자 많은 사람이 내 블로그를 찾아왔다. 개인적인 차원에서 시작했던 블로그는 이제 사람들이 공유하고 공감하는 자리가 되었다.

책을 통해 다양한 지식을 쌓으면서 내가 일하는 분야에서도 조금씩 빛을 보게 되었다. 금융 분야에서 일할 때 관련 책을 열심히 읽자 사람들이 내게 궁금한 점을 물어봤다. 이것을 계기로 회사 교육부에 스카우트되어 신입사원과 경력사원에게 금융을 가르치기도 했다.

주식 투자와 부동산 경매 투자를 하기 위해 읽었던 책들은 투자할 수 있는 토대를 마련해 주었고, 이미 투자한 사람들의 글을 읽으며 그들을 모방할 수 있게 되었다. 이러한 경험으로 《부동산 경매 따라잡기》와 《후천적 부자》라는 책을 출간하기도 했다.

이처럼 책을 통해 내 인생에 많은 변화와 기회가 찾아왔다. 책을 읽을 때만 해도 나에게 이런 날이 올 줄 생각하지 못했다. 책 읽기를 좀 더 잘하기 위해 시작한 리뷰는 내적 성장은 물론 외적 성장도 가져다주었다.

본격적으로 책을 읽기 시작한 지 20년이 되었고, 리뷰를 쓰기 시작한 지 10년이 되었다. 그동안 예스24 파워문화 블로그와 인터파크 파워북피니언에 선정되었고, 2013년 네이버 책 분야 파워블로그로 선정되기도 했다.

이런 결과를 보고 사람들이 내게 묻는다. 어떻게 책을 읽게 되었는지, 왜 책을 읽는지, 책 읽기는 어떤 의미인지, 어떤 책을 읽는지, 어떻게 책을 읽는지 등. 이런 질문에 대한 내 나름대로의 답변을 이 책에서 말하고자 한다.

이 책에는 책을 고르는 방법과 큰돈을 들이지 않고 책을 읽을 수 있는 방법을 담았다. 또한 책 읽기와 리뷰 쓰기의 유용함에 대해서도 적었다. 책 읽기보다 더 어려운 것이 리뷰 쓰기라 할 수 있는데 어떻게 리뷰를 쓰는지도 이야기했다.

이번에 《책으로 변한 내 인생》의 전면개정판을 내면서 그동안 바뀐 상황을 반영하여 많은 내용을 수정했다. 또한 예전에 미처 말하지 못했던 내용도 새로 추가하였다. 지극히 평범한 내가 책을 만나 정말 많은 것을 얻은 것처럼 이 책이 당신의 삶에 변화를 일으키길 바란다.

핑크팬더 이재범

제 1 부

책을 읽고
깨닫고

책을 왜 읽을까?

책을 왜 읽을까? 한 해에 한 권도 안 읽는 사람도 많지만, 한 해에 몇 백만 원어치 책을 사는 사람도 있다. 매달 인터넷 서점으로 수십 권씩 사는 사람도 있고, 개인 서재에 몇천 권을 보유한 사람도 있다.

도대체 왜 그토록 엄청난 돈을 지불하면서 책을 사는 것일까? 움베르토 에코의 서재에는 벽이 온통 책으로 가득 차 있는데 그는 과연 그 책을 다 읽었을까?

생각해 보면 책을 많이 읽는 사람은 그나마 중독 중에서도 바람직한 중독이라고 할 수 있다. 좋은 책이라고 생각하면 일단 구입한다. 이 것이 책 쇼핑 중독의 특징이다. 이 책 저 책을 보다 보면 마구 사고 싶은 욕구가 생긴다. 자꾸만 책을 산다. 결국 쇼핑 중독이 돼 버린다.

하지만 쓸데없는 물건을 마구 사는 것보다는 책 쇼핑 중독이 어딘지 모르게 고상해 보이기는 한다. 책을 많이 사다 보면 읽어야 할 책이 쌓인다. 어느새 구입한 지 1년이 넘도록 못 읽고 쌓아 놓은 책도 많다. 그래도 쌓여 있는 책을 보며 흐뭇한 마음이 드는 건 어쩔 수 없다.

여기서 생각해 볼 문제가 있다. 바로 몇백만 원어치 책을 구입할 여력이 있느냐는 점이다. 월 100만 원 버는 사람이 몇백만 원어치 책을 구입할 수는 없다. 아마 월평균 10만 원 정도 구입할 수 있을 것이다.

그래서 일반적으로 '책을 많이 구입하는 사람은 돈을 많이 버나 보다.'라고 생각할 수 있다. 이것은 엄청난 평균의 오류다. 전제 자체가 잘못된 것일 수 있다. 그렇지만 충분히 그럴듯한 이야기다. 책은 꼭 필요한 물건이 아니다. 없어도 먹고 사는 데 지장 없다. 읽고 나서 폐지가 될 가능성이 크다. 이런 책을 한 달에 몇십만 원어치씩 부담 없이 구입하려면 최소 월 500만 원 이상의 소득자일 것이다.

일본에는 전문가를 뛰어넘을 정도로 한 분야에 푹 빠져 사는 사람들이 있다. 흔히 '오타쿠'라고 한다. 이들은 취미생활이 취미를 넘어 자신의 인생과도 같다. 취미생활에 수입의 거의 전부를 쏟아붓는다. 그렇더라도 결국은 자신의 수입에 맞춰서 지출할 수밖에 없다.

나는 독서를 결코 취미라고 생각하진 않지만, 월수입이 300만 원 미만인 사람이 책 구입에 많은 돈을 쓰기는 힘들지 않을까 생각한다. 돈을 많이 벌기 때문에 책을 그렇게 많이 구입하는지, 책을 많이 읽다 보니 돈을 많이 벌게 되었는지는 모르겠다. 적어도 어느 정도 관계가 있지 않을까 생각한다. 책 읽기를 돈과 연결한다는 사실에 거부감이 들 수 있다. 천박하다고 생각하는 사람들도 있을 것이다.

일반적으로 책 읽는 모습은 고상해 보이기도 하고, 특히 내용이 어려운 책을 읽으면 뭔가 있어 보이기까지 한다. 여기서 한 가지 생각해 볼 만한 사실이 있다. 사람들에게 존경받는 인물 중에 가난한 사람은 의외로 드물다. 그들은 먹고살기 위해 아등바등하지 않는 것처럼 보인다. 무엇으로 먹고사는지는 모르겠지만 적어도 내가 보기에는 그렇다.

텔레비전이나 신문에서 그런 사람의 인터뷰를 보면, 뒷배경에 책이 한가득 놓여 있다. 물론 남들에게 보여 주기 위한 설정일 수도 있다. 이런 유명인의 인터뷰를 볼 때면 언제나 뒤편에 놓인 책을 유심히 살펴본다. 그리고 발견한 한 가지 사실이 있다. 바로 자신의 전문 분야와 관련된 책이 많다는 것이다.

사실 나는 돈을 벌 목적으로 책을 읽기 시작했다. 생각해 보면 어릴 때부터 남들보다 책을 조금 많이 읽기는 했다. 하지만 남들이 한 권 읽을 때 두세 권 읽는 정도였지, 지금처럼 매월 최소 열 권씩 읽었던 건 아니다. 읽었던 책도 대부분 소설이었다.

결혼하고 아이가 생기면서 돈을 벌지 않으면 안 되는 상황에 놓였다. 그런데 할 줄 아는 것이 없었다. 돈을 벌기 위해 내가 가장 쉽게 할 수 있는 일은 바로 책 읽기였다. 돈을 벌려면 일을 하거나, 사업을 하거나, 투자를 해야 했다. 나에게는 그 어떤 것도 쉽지 않았다. 도대체 무엇을 어떻게 해야 할지 전혀 알 수 없었다.

시중에는 갖가지 강의 프로그램이 있었지만 나는 돈이 없어서 들을 수 있는 강의가 드물었다. 당시에는 지금처럼 좋은 강의가 많지도 않았다. 투자라는 개념이 막 알려지기 시작한 때여서 투자도 쉬운 일이 아니었다.

그런데 내용은 잘 몰라도 제목을 보면 괜히 뭔가 될 것 같은 분위기를 물씬 풍기는 책들이 있었다. 먼저 그런 책을 읽기 시작했다. 처음 책을 읽기 시작했을 때는 어떤 책이 좋은지 또는 나쁜지 판단할 능력도 되지 않았다. 어떤 내용이 피가 되고 살이 되는지 파악하기도 어려웠다. 그래서 책 제목이 끌리면 선택했고 인터넷에서 사람들이 많이 추천하는 책을 읽었다. 많이 추천할 정도라면 읽어서 손해 볼 일은 없다고 생각했기 때문이다.

어디선가 투자에 앞서 자신을 다스리는 것이 중요하다는 이야기를 듣고 투자 관련 서적보다는 자기계발서를 읽었다. 브라이언 트레이시, 나폴레온 힐, 데일 카네기, 지그 지글러, 존 맥스웰의 책을 많이 읽었는데 큰 도움을 받았다.

이런 책들을 읽으면서 나 자신에 대해 생각했다. 그러면서 투자가 중요한 것이 아님을 알게 되었다. 투자보다 중요한 것이 있다는 사실을 서서히 깨달았다. 나는 생각하고 고민하기 시작했다. 그전까지 별 생각 없이 살던 나였다. 책 읽기는 고민하고 생각하는 힘을 길러주었고 내 삶도 조금씩 발전하기 시작했다.

그 후 투자 관련 책을 읽기 시작했다. 투자 방법을 알려주는 책은 어느 정도 읽으면 거의 다 비슷한 내용을 말하고 있었다. 언제부터인가 대부분 알고 있는 내용이 되었다. 이런 책은 점차 멀리하게 되었다. 투자는 직접 실천하고 적용해야 하는 것이지, 책만 읽는다고 되는 것이 아님을 깨달았기 때문이다.

그간 책을 읽고 익힌 내용을 바탕으로 직접 투자를 시작했다. 누군가에게 직접 배운 것은 아니다. 투자를 배우는 데 시간이 오래 걸리고 제대로 가는 것인지 알 수도 없었지만, 아무튼 지금까지 살아남았다.

그렇게 책을 읽다 보니 자연스럽게 읽고 싶은 분야가 늘어났다. 어느덧 책 읽기는 내 습관이 되었다. 투자로 돈 버는 것은 기술이 아니라는 생각이 들었다. 차라리 세상을 보는 지혜가 돈 버는 능력에 가깝다고 생각하게 되었다. 문제는 그 세상을 바라보는 지혜가 너무 방대해서 쉽게 얻을 수 없다는 것이다. 지금도 여전히 지혜를 얻기 위해 노력하고 있다.

그렇다면 내가 본격적으로 책을 읽기 시작한 20년 전과 비교해 나는 얼마나 달라졌을까? 최소한 매년 100권은 읽었으니 2,400권이 넘는 책을 읽은 셈인데 나름대로 발전이 있었다.

투자도 직접 하고 있으며, 독서를 통해 세상을 바라보는 작은 지혜도 생겼다. 그리고 자산도 예전보다 꽤 많이 늘었다. 이 모든 것은 책을 읽기 시작한 그 순간부터 시작되었다. 크게 성공한 사람들과 비교하자면 보잘것없지만 지금도 계속 발전하고 있다.

처음에 책 읽기는 순전히 돈을 벌기 위한 수단이었다. 지금도 돈을 벌기 위해 책을 읽고 있다. 다만 지금은 지식의 추구라는 목적도 추가되었다. 그러나 아직은 돈을 벌기 위한 목적이 더 큰 것은 사실이다.

남들은 10년 열심히 일하고 10억 목표를 달성해 경제적 자유를 이루었다고 한다. 나는 책을 너무 많이 읽어서 그런지 그 시기가 늦어지는 듯하다. 돈을 벌기 위해 책을 읽었는데, 책을 읽다 보니 돈을 버는 것보다 인생을 어떻게 살 것인가에 대해 더 많이 고민하게 되었다.

그러다 보니 균형 있는 삶을 추구하게 되고, 조금 늦어도 지금 누릴 수 있는 것을 희생하면서까지 돈만 추구하지 말자는 생각에 이르렀다. 아무튼 나는 책을 읽은 만큼 자산이 늘어난다는 믿음으로 지금도 열심히 책을 읽고 있다.

앞에서 움베르토 에코가 수만 권의 책을 갖고 있다고 말했는데, 그는 집에 있는 그 많은 책을 다 읽었다고 한다. 그가 누구도 따라갈 수 없을 정도로 박식하고, 크게 성공할 수 있었던 것은 결국 그 많은 책 덕분이다.

책 읽기가
정말 도움이 될까?

부모는 자녀에게 인생에 도움이 되니 책을 많이 읽으라고 가르친다. 그럼 한번 생각해 보자. 책을 읽으면 정말로 도움이 될까? 안 읽는 것보다는 도움이 된다는 사실은 누구나 알고 있다.

반면에 이렇게 말하는 사람도 많다.

"백날 책만 읽으면 뭐해! 책 읽을 시간에 한 사람이라도 더 만나고 현장에서 뛰는 것이 백번 낫지. 책을 통해 배운 지식은 죽은 지식일 뿐이야. 현실에서는 적용하기도 힘들고 다 쓸데없는 짓이야."

평범한 사람이 이런 말을 하면 별로 와 닿지 않겠지만 성공한 사람이라면 얘기는 달라진다. 요즘 '독서를 좋아하는 CEO는 어떤 책을 읽었나', '책을 읽고 경영에 어떻게 접목했나' 같은 책이 많이 나오고 있다. 나는 이런 책을 낼 정도의 CEO라면 인격적으로 훌륭하고 기업경영도 잘하고 있을 것이라 생각하여 그 기업의 재무제표를 비롯한 정보를 꼼꼼히 조사한 적이 있다.

나는 가치투자를 지향하는 사람이다. 책을 열심히 읽는 CEO가 운영하는 기업의 제반 사항이 좋다면 저가에 매수할 수 있는 기회라고 생각했다. 기업 자료를 열심히 들여다보았다. 그런데 시장에서 평가받는 주가도 그렇고 매출을 비롯한 전망도 딱히 좋아 보이지 않아 그냥 포기했던 경험이 있다.

참 이상하지 않은가? 책을 읽으면 도움이 된다고 하는데, 책을 많이 읽는 CEO로 선정되어 소개되었는데도 그 기업은 왜 그럴까? 한편으로 '그 기업 대표가 정말 책을 많이 읽기는 하는 것일까?'라는 의심까지 들었다. 솔직히 실제와는 상관없이 회사 홍보와 CEO의 업적을 선전하는 측면이 있는 것도 사실이다.

나는 열심히 책을 읽는 편이지만, 누군가 "그렇게 책을 읽으면 도움이 됩니까?"라고 묻는다면 자신 있게 "그렇다."라고 대답하기는 어렵다. 심지어 온종일 읽는 것이 투자 활동의 대부분이라고 하는 워런 버핏도 이런 얘기를 했다. "책 읽는 것만으로 부자 순위를 정한다면 도서관 사서들이 상위권을 다 차지하고 있을 것이다." 물론 도서관 사서는 다른 할 일이 많아서 생각보다 책을 많이 읽지 못한다고 한다.

책으로 일가를 이뤘다고 할 만한 대표적 성공인은 박경철 씨와 안철수 씨를 꼽을 수 있다. 박경철 씨는 책을 통해 세상에 대한 혜안을 얻었다고 해도 과언이 아닐 듯하다. 책을 많이 읽어서 성공한 것은 아니겠지만 성공하는 데 책이 큰 역할을 한 점은 부인할 수 없다.

나도 책의 도움을 많이 받았다. 몇 가지를 이야기해 보겠다. 나는 아이들에게 용돈 기입장을 쓰게 한 후에 그에 따라 용돈을 지급한다. 최근에는 원하는 용돈과 그 이유를 글로 쓰게 하고 있다. 이것은 그동안 읽었던 책에서 참고해 아이들에게 적용한 것이다.

나는 주식 투자와 부동산 투자를 하고 있다. 투자를 하는 데 있어 스승이라고 할 만한 사람은 없다. 강의를 듣거나 개인 교습을 받아 본 적도 없다. 단지 여러 책을 읽고 또 읽은 후에 시행착오를 거치며 스스로 투자하고 있다.

주식이야 그렇다 쳐도 부동산 투자가 책만 읽어서 가능한지 의문을 품는 사람도 있을 것이다. 맞다. 주식이나 부동산이나 그 어떤 것도 책만 읽어서 가능한 일은 없다.

그렇지만 우리는 책을 통해 간접경험을 하게 된다. 책을 계속 읽으며 간접경험을 하고 머릿속에 과정을 정리한 후 투자한다. 실제 투자를 하다 보면 책에서 익힌 것과 비슷한 상황이 펼쳐진다. 그래서 자연스럽게 대처할 수 있었다. 스포츠 선수가 평소 이미지 트레이닝을 했던 대로 실전 경기에서 자연스럽게 몸을 움직이는 것처럼 말이다.

최근에는 한 지인이 내게 사업제안서를 검토해 달라고 부탁했다. 사업제안서를 살펴보니 사업 내용은 괜찮았다. 이미 유명한 기업과 협력하기로 계약까지 한 상태였다. 그런데 문제가 있었다. 보여 준 모든 것은 이미지뿐이었다. 미래에 대한 청사진은 훌륭했지만 숫자로 보여 줄 수 있는 구체성이 없었다. 그나마 숫자도 객관적인 것이 아니라 본인이 생각하는 수치일 뿐이었다.

경영에서 숫자는 전부라고 해도 과언이 아니다. 나는 경영을 해 본 적은 없지만 《경영학 콘서트》라는 책을 통해 그 중요성을 알고 있었다. 그래서 그에게 무엇이 문제인지 조언해 주었고, 그는 무엇이 부족했는지 깨닫게 되었다. 사람들이 관심을 보이면서도 투자하지 않는 이유를 알겠다고 말했다.

　나는 이 모든 것을 책으로 배우고 알게 되었다. 물론 책에 나온 사례는 이미 과거의 것이고 죽은 이론일 수도 있다. 반면에 직접 몸으로 부딪치며 배운 경험과 지식은 몸에 새겨져 있다. 경험은 그 자체로 소중한 자산이다.

　하지만 이렇게 성공한 사람들도 나중에는 다시 배우려고 노력한다. 한계상황을 만나면 이론에 불과하다고 무시했던 것도 배울 필요가 있다는 사실을 깨닫기 때문이다.

　가끔 "책만 읽는다고 무슨 도움이 되나요?"라고 말하는 사람을 보면, 그런 말을 할 정도로 책을 읽기는 했는지 묻고 싶다. 정말로 책을 많이 읽는 사람이라면 그런 말조차 하지 않을 게 분명하다.

　이처럼 책은 내가 살아가는 데 많은 도움을 주었고, 주고 있다.

책 없는 방은 영혼 없는 육체와도 같다.

- 키케로 -

책에서 투자의 방향성을 캐낸
워런 버핏

세계 최고 부자 순위에 늘 올라 있는 워런 버핏은 어릴 때부터 돈 버는 데 엄청난 재능을 보였다. 겨우 여섯 살 때 6개들이 콜라를 싸게 사서 낱개로 팔아 돈을 벌었다. 똑똑하기로는 둘째가라면 서러워할 정도였던 워런 버핏도 책을 통해 지식을 쌓았다. 어릴 때 도서관에 있는 경제 관련 서적을 모두 읽을 정도였다.

《천 달러를 버는 천 가지 방법》이라는 책은 그에게 큰 영향을 미쳤다. 그는 이 책을 통해 사업을 하는 다양한 방법을 배웠고, 서른다섯 살까지는 백만장자가 되겠다는 목표를 세운다.

막연히 돈을 많이 벌겠다고 꿈꾸는 어린아이에서 사업가로서의 구체적인 목표를 세운 계기가 된 것이다. 이후 그는 본격적으로 투자자의 길을 걷게 된다.

　그는 어릴 때부터 신문배달이나 핀볼 게임 사업으로 돈을 모아 주식투자를 했다. 누나의 돈까지 함께 투자했으나, 투자는 예상과 다르게 진행된다는 사실을 경험을 통해 깨닫는다. 차트를 거꾸로 놓고 봐도 똑같다는 것을 깨달은 그는 벤저민 그레이엄의 《현명한 투자자》를 읽고 가치투자를 알게 된다.

　그는 주식 투자에서 중요한 것은 기업이라는 실체이며, 가치에 비해 싼 주식을 찾아 매수하고 제 가치를 찾을 때까지 기다리면 수익이 난다는 사실을 배웠다. 그는 이를 실천해 40년 넘게 연평균 20% 이상의 수익을 낸 위대한 투자자가 되었다.

　이처럼 좋은 책은 올바른 투자의 길을 가도록 이끄는 나침반이 되어 준다.

책을 통해
무엇을 얻는가?

　책 읽기는 누구에게나 도움이 되는 훌륭한 소일거리 중 하나다. 어떤 사람은 쓰레기라고 욕하는 책도 누군가에게는 인생의 전환점이 될 수 있고, 큰 변화를 가져다줄 수도 있다. 이것이 바로 책의 힘이다.

　그런데 책 읽기가 큰 위험이 될 수도 있다. 바로 인생에 있어 딱 한 권의 책만 읽는 경우다. 한 권의 책만 읽고 그 책의 관점으로 세상의 모든 것을 바라본다면 오히려 위험하다는 뜻이다.

　A는 B가 될 수 있고, C가 될 수도 있고, D가 될 수도 있다. 그러나 한 권의 책만 읽고 'A는 B'라는 것만 안다면? 세상을 편협한 시각으로 바라보게 된다. 차라리 책을 안 읽는 것보다 못한 결과를 초래할 수 있다.

　책을 읽는 이유는 다양한 주장을 읽고 다양한 관점을 알기 위해서다. 책을 통해 우리가 아는 것이 반드시 진실이나 사실이 아닐 수도 있다는 걸 알게 된다. 또 우리가 보지 못하는 다른 측면을 바라보는 시각도 수용하게 된다. 이런 이유로 책을 읽어야 한다.

물론 세상에는 '인간은 태어나서 죽는다'처럼 부정할 수 없는 진리가 존재하기도 한다. 그러나 이런 절대적인 진리는 드물다. 대부분은 다른 측면으로 바라볼 수 있고 다른 의견도 존재할 수 있다.

중세 이전 사람들은 지구가 평평하다고 생각했다. 그래서 바다 저 멀리까지 가면 결국 떨어져 죽고 만다고 여겼다. 그러나 시간이 흘러 지구는 평평하지 않고 둥글다는 사실을 알게 되었다. 정확하게는 타원형에 가까운 모습이다. 그런데도 여전히 지구가 평평하다고 믿는 사람들도 있다.

그들은 웹사이트를 통해 자신들은 지구가 평평하다고 믿고 있으니, 이에 동조하지 않는 사람은 웹사이트에 접근하지 말라는 문구까지 써놓았다. 이처럼 누군가에게는 사실이고 진리이지만 누군가에게는 절대로 동의할 수 없는 사실도 있다.

혼자서 면벽수련을 한다고 이 세상의 모든 진리를 깨닫고 파악할 수는 없다. 수백 년이 흘러도 인류의 발전이 극히 미미했던 과거에는 가능했을지 모르겠다. 하지만 지금 우리는 급속도로 변하는 세상에 살고 있다. 세상에서 벌어지는 모든 것을 깨닫고 그 원리를 파악하는 건 불가능하다.

처음 접하는 분야의 책은 누구나 읽기 어렵고 힘들다. 쉽게 읽히지 않는다. 분명히 내가 알고 있는 한글이고, 읽을 수도 있는데, 내용이 머릿속에 들어오지 않는다. 이때 가장 좋은 방법은 관련 분야의 책을 집중적으로, 연속적으로 읽는 것이다. 읽으면서 머릿속에 들어오는 내용도 있고 남지 않는 내용도 있을 것이다. 그렇지만 알든 모르든 처음부터 끝까지 몇 권의 책을 읽으면 어느 순간부터 책 내용이 조금씩 들어오는 체험을 하게 된다.

이런 체험을 통해 몰랐던 분야의 내용을 조금씩 깨닫게 된다. 과거와 다른 나로 바뀌는 것이다. 또 같은 분야의 책을 계속 읽으면 내용이 대부분 비슷하다는 사실도 알게 된다. 이것을 경험한 사람은 300페이지나 되는 분량의 책을 몇 시간 만에 읽을 수 있게 된다. 책의 문구 하나, 문장 하나가 모두 중요한 것은 아니기 때문이다.

빠르게 읽으면서 모르는 부분이나 새로운 부분에 집중하면 충분히 가능하다. 꽤 많은 독서가가 이런 방법으로 빠르게 읽고 섭렵한다. 비슷한 내용의 책이라도 다른 책과는 다른 5~10% 정도의 내용이 있다. 이런 내용에 집중해서 읽으면 된다.

신기하게도 책을 읽으면 잡념이 사라진다. 책을 읽을 때 가끔 책 내용과 상관없는 생각이 갑자기 번뜩 떠오를 때가 있다. 읽고 있는 책과 아무 연관성이 없음에도 갑자기 떠오르는 생각이 있는데, 돌아 보면 아무 이유 없이 떠오르는 것은 아니다.

평소에 그것을 생각하고 있거나, 고민하고 있거나, 궁금해하고 있었기 때문이다. 자신도 모르게 전혀 관련이 없는 책에서 힌트를 얻어 생각의 고리가 연결되어 떠오른 것이다. 이런 경험을 몇 번 하면 독서가 단지 새로운 지식을 배우는 것을 넘어 인생에 조금씩 영향력을 발휘한다는 사실을 깨닫게 된다.

무언가를 결정해야 할 때 답을 찾지 못하고 망설이는 경우가 있다. 그런데 문득 책을 읽다가 결정을 내리기도 한다. 또 뜬금없이 '맞다! 그때 행동은 이런 이유로 잘못되었구나!'라는 생각을 하기도 한다.

재미있게도 가끔 투자와 상관없는 소설책을 읽다가 투자와 관련된 문제가 해결되기도 한다. 소설 속 인간 군상의 이야기를 읽다가 자신도 모르게 그렇게 되는 것이 아닌가 싶다. 투자도 결국 사람이 하는 일이기 때문이다.

물론 고민이 많고 힘들 때는 책을 읽어도 눈에 들어오지 않는다. 당연히 머릿속에도 들어오지 않는다. 나도 모르게 다른 생각을 하면서 읽다가 몇 페이지가 그냥 넘어가기도 한다. 이럴 때는 잠시 책을 덮어 두는 것이 좋다.

책을 읽는 것보다 더 중요한 것은 생각을 하는 것이다. 그러나 나는 책을 읽으면서 굳이 생각하려고 하지는 않는다. 책을 읽고 머릿속에 남는 것이 있으면 그것으로 만족하고, 모르면 모르는 대로 다음 책을 읽는다. 다음 책을 읽으며 앞서 읽은 책에서 몰랐던 부분을 깨닫기도 한다. 또 새롭게 모르는 부분도 생긴다.

내가 이렇게 하는 이유가 있다. 무언가를 꼭 얻으려는 목적으로 책을 읽으면 오히려 책 읽기가 힘들어질까 봐 그렇다. 그냥 계속 책을 읽으면 된다. 굳이 생각하지 않아도, 무엇인가를 꼭 얻거나 깨달으려 하지 않아도, 어느 순간 나도 모르게 새롭게 깨닫는 것이 생긴다.

무의식적으로 내 머릿속에 지식이 차곡차곡 쌓여 결국 생각하고 깨닫게 만드는 듯하다. 계속 무언가를 머릿속에 넣다 보니 머리에 저장된 지식이 서로 연결된다. 그것들이 생각으로 교환되거나 치환되어 나오는 것은 아닐까?

때때로 책을 읽다 말고 책을 덮고 생각할 때도 있다. 책 내용과 관련된 생각을 할 때도 있지만 그보다는 책 내용과 아무 연관도 없는 생각이 문득 떠오르는 경우가 많다. 지금 내게 벌어지고 있는 사건이나 고민거리에 대한 힌트가 갑자기 떠오른다. 그래서 저절로 책을 덮고 좀 더 집중해서 생각하게 되는 것이다.

이처럼 의도하지 않게 현재 생각하는 일이나 고민거리와 연관된 힌트가 책에서 나온다. 거기서 영감을 얻는다. 나도 모르게 책에서 빠져나와 골똘히 생각한다. 아마도 책을 읽으며 계속 쌓이는 지식이 어느 순간 지혜로 바뀐다는 생각이 든다.

책을 어마어마하게 많이 읽어야 할 필요는 없다고 생각한다. 자기에게 맞는 책과 양을 읽으면 그것이 정답이다. 어쨌든 책을 많이 읽으면 좋다. 생각하지 않으려고 해도 자신도 모르게 생각하게 되기 때문이다. 생각한다는 것은 무엇인가 깨닫거나 얻는 것이 있다는 뜻이다.

생각하는 것이나 생각하지 않는 것이나 별 차이가 없다고 생각할 수도 있다. 하지만 생각하며 사는 것과 생각하지 않으며 사는 것은 시간이 갈수록 큰 차이를 만든다. 그렇다고 억지로 생각하라는 말은 아니다. 그저 책을 읽다 보면 어느 순간 저절로 생각하는 자신을 발견하기 때문이다.

우주 삼라만상의 원리를 모두 깨달을 필요는 없다. 내가 살아가는 데 도움이 되는 정도만 깨달아도 삶에 엄청난 힘이 된다.

책을 많이 읽으면
좋은 걸까?

책을 많이 읽는다는 기준은 도대체 몇 권일까? 1년에 30권도 많이 읽는다고 생각하는 사람도 있고, 1년에 100권은 읽어야 책 좀 읽는다고 생각하는 사람도 있을 것이다. 1년에 몇백 권을 읽는 사람도 있고, 도서관에서 온종일 책을 읽는 사람도 있다.

'1일 1독', 즉 하루에 책 1권씩 1년 동안 365권을 읽는 방법도 있다. 해 보면 알겠지만 매일 하루에 한 권씩 읽는 일은 쉽지 않다. 하루도 빼먹지 않고 책을 읽으려면 강인한 정신력과 의지가 있어야 하고, 책 읽기가 하나의 습관이 되어야 한다.

물론 몇 년 만에 몇천 권의 책을 읽은 사람도 있다. 그런 사람의 이야기를 들어 보면 모든 책을 정독하지는 않는 듯하다. 정독하는 책도 있지만, 대부분 속독으로 읽으면서 중요한 부분에 집중해서 읽는다. 이런 식으로 하루에 몇 권씩 읽는 것으로 보인다. 책을 많이 읽은 사람이 아니라면 이것도 쉽지 않다. 하지만 책을 많이 읽는 훈련이 된 사람은 충분히 가능하다.

세상에 출판된 책 중에 우리가 읽는 책은 극히 일부분이다. 전 세계를 놓고 보면 하루에도 어마어마한 분량의 책이 쏟아져 나온다. 다른 나라의 베스트셀러나 유명한 사람의 책은 번역되어 우리나라에 소개되지만, 그렇지 않은 책들은 출간되었는지도 알지 못한다.

다소 어려운 인문서나 작가의 상상력에 따라 무궁무진한 세계가 펼쳐지는 소설책은 책마다 모두 다른 이야기를 전개한다. 따라서 속독으로 읽기에 적합하지 않다. 빨리 읽을 수는 있지만, 행간의 의미를 파악하지 않고 그냥 넘어간다면 제대로 읽었다고 할 수 없다.

그러나 실용서 같은 분야는 이 책에서 나온 이야기가 저 책에서도 나오는 경우가 많다. 특별히 저자만의 획기적인 이론이라면 모르겠다. 그렇지 않다면 책에서 이야기하는 내용은 모두 비슷비슷하다. 이런 책의 80~90%는 이미 알고 있는 내용이다. 이미 익숙하므로 집중해서 읽지 않아도 되는 내용이 많다. 빠르게 훑어보며 중요한 부분만 집중하여 읽으면 하루에 몇 권씩 읽을 수 있다.

나는 책을 읽을 때 속독을 하지는 않는다. 첫 페이지부터 끝 페이지까지 빨리 읽으려고 하지 않고 '의미 파악'에 주력한다. 물론 나도 책 욕심이 많다. 한 권이라도 더 읽고 싶은 욕심은 분명히 있다. 책 읽는 사람들의 욕심 중 하나는 더 많은 책을 읽는 것이기 때문이다.

세상에는 엄청나게 많은 책이 있으니, 그 많은 책을 다 읽고 싶은 욕심은 이루어질 수 없는 욕망이기는 하다. 이 책도 읽고 싶고 저 책도 읽고 싶다. 쌓아 놓은 책은 점점 늘어나는데 책 읽는 속도와 시간은 한계가 있다. 다독가라면 시간이 갈수록 읽을 책이 쌓이는 경험을 한 번

쯤 해 보았을 것이다.

나는 더 많은 책을 읽으려고 노력하고 책 욕심도 많지만, 꼭 책을 많이 읽는 것이 좋다고 생각하지는 않는다. 많이 읽어서 좋은 점도 있지만, 한 권을 읽더라도 책 내용을 완전히 소화하는 것이 더 중요하다고 생각한다.

한 권을 읽고 많은 생각을 하는 것도 좋지만 나는 책을 읽으면서 많은 생각을 하는 편은 아니다. 특별히 어떤 생각을 하지도 않는다. 단지 쉬지 않고 다양한 책을 읽어 나갔다. 한 권의 책을 읽고 또 읽는 것도 좋은 방법이지만 나는 반복해서 읽으면 쉽게 질리는 성향이다. 차라리 비슷한 책을 골라 계속 읽었다.

그런데 어느 순간 신기한 일이 생겼다. 책을 계속 읽다 보니 굳이 생각하려고 하지 않았는데도, 저절로 생각이 머릿속에 생기기 시작했다. 책을 읽으면서 '이런 것을 얻어야지'라고 생각한 적도 없고, 그 책을 통해 새로운 지식을 쌓겠다고 의도하지도 않았다. 그저 읽은 책이 하나씩 늘어 가자 어느 순간 저절로 '생각'을 하게 되었다.

나는 '1일 1독'과 같은 미션을 반대한다. 책을 읽는 것은 누구에게 보여주기 위한 퍼포먼스가 아니기 때문이다. 그렇게라도 1년간 실천한 사람은 엄청난 것을 얻는다는 이야기를 듣기는 했지만, 그것이 진정한 독서는 아니라고 생각한다.

이런 말을 하는 나도 '1일 1독 1서평'을 꿈꾸기는 한다. 하지만 그 약속을 지키려고 쉬운 책만 골라 읽을까 봐 주저하게 된다. 독서는 즐거운 시간이어야 하기 때문이다. 단지 보여주기 위한 퍼포먼스가 되어서는 안 된다. 이것이 독서에 대한 내 나름의 철학이다.

책을 많이 읽으면 좋다는 사실은 부정할 수 없다. 그러나 책을 많이 읽지 않아도 괜찮다. 책을 적게 읽어도 무언가를 배우고 깨닫고 얻는다면 그것이 더 좋은 일이라고 생각한다.

모든 것을 떠나 책 읽기는 분명 바람직하고 좋은 일이다. 그리고 분명한 사실은 어떤 책이라도 읽으면 어제와는 다른 자신을 만난다는 것이다. 이것은 나를 부정한다는 말이 아니다. 어제보다는 조금이라도 성장하고 변한 나를 만나게 된다는 뜻이다.

비록 지금 당장은 그 사실을 알아채지 못하지만, 그런 과정이 쌓이고 쌓이면 어느 날 변화된 자신을 스스로 느끼고, 주변 사람들도 이를 느끼게 될 것이다.

독서할 때 당신은 가장 좋은 친구와 함께하는 것이다.

- 시드니 스미스 -

책 속의 사상을 통해
새로운 세계를 만난 **백남준**

한국이 낳은 세계적인 아티스트 백남준은 어릴 때 책 읽기와 피아노 치며 놀기를 좋아했다. 피아노와 작곡을 배우며 예술가의 길을 가던 백남준은 스물다섯 나이에 인생 전체를 관통하는 운명적인 만남을 가진다.

독일에서 유학하며 전통 음악의 한계를 느끼고 있던 중 존 케이지를 다름슈타트 대학에서 만난다. 이것이 그에게 있어 본격적인 예술의 시작이었다. 존 케이지는 자동차 소리와 같은 거리의 소음도 음악이 될 수 있고, 침묵조차도 음악이 될 수 있다고 알려 준다.

백남준은 단순히 귀로 들을 수 있는 것만이 음악이 아니라, 보고 느낄 수 있는 것이어야 한다는 사실을 깨

닫는다. 이러한 생각은 동양의 선불교 사상과 음양의 원리로 자연현상을 설명한 《주역》을 읽고 깨달았다고 한다.

음악에서 출발한 백남준은 이후로 전방위적인 예술가로 변신한다. 그는 우리에게 익숙하고 친숙한 예술을 넘어 인간이 상상할 수 있는 한계를 뚫고, 현재가 아닌 미래를 선보이는 예술행위를 보여주었고, 세계적인 명성을 얻었다.

남들과 다른 시선과 상상으로 예술을 새로운 관점으로 볼 수 있게 한 백남준의 예술은 우주철학을 논한 《주역》에서 비롯된 것이다.

언제 책을 읽어요?
•독서시간•

가끔 이런 질문을 받는다. "도대체 언제 그렇게 많은 책을 읽어요?"

사실 책을 언제 읽는지에 대해 생각하거나, '책을 읽어야지.'라고 마음먹고 읽은 적이 없어 대답하기가 막막할 때가 많다. 나는 그냥 열심히 읽었을 뿐인데 언제부터인가 사람들이 "책을 많이 읽는군요."라고 말하기 시작했다.

내가 1년에 120~150권의 책을 읽는다고 말하면 사람마다 반응이 제각각이다. "와~ 정말 많이 읽네요."라고 말하는 사람도 있고, "생각보다 많이 읽지는 않네요."라고 말하는 사람도 있다.

이것은 아마도 자신이 읽는 권수에 따라 나오는 반응일 것이다. 평소에 책을 많이 읽는 사람은 생각보다 많이 읽지 않는다는 반응을 보이고, 그렇지 않은 사람은 많이 읽는다는 반응을 보인다.

"1년에 200권은 읽어야 한다."라는 말을 들어보았을 것이다. 사실 200권을 읽어야 한다는 데에 별다른 이유가 있지는 않다. 아마도 성공한 사람들이나 소위 지식인들이 1년에 200권 정도는 읽는다고 말해서 그런 것 같다. 하지만 책을 읽는 능력은 각자 다르니 강박적으로 목표를 정해 놓고 읽을 필요는 없다.

이는 정말 바람직하지 않은 일이기도 하다. 매스컴은 우리나라 사람들이 책을 잘 안 읽는다고 자주 보도한다. 실제로 나도 그것을 체감한다. 내 주변을 둘러봐도 책 읽는 사람은 많지 않다. 독서 모임에서 만나는 사람은 모두 책을 좋아하고 책을 통해 세상을 보는 사람들이다. 그렇지만 한 해에 읽은 책은 의외로 적다.

한 달에 10~15권 정도를 읽는 나는 "언제 그렇게 책을 읽나요?"라는 질문을 많이 받는다. 특히 내 손에 언제나 책이 들려 있다 보니 처음 만나는 사람은 "역시, 책을 들고 계시네요."라는 말을 꺼낸다.

나는 가방 대신 책을 들고 다닌다. 전철에서 멀뚱멀뚱하게 있는 것이 싫어 책을 들고 다니며 읽는다. 그러면 전철 안에서 책 읽을 시간이 꽤 확보된다. 생각보다 많은 분량을 읽을 수 있다. 이런 자투리 시간을 잘 활용하면 시간이 없어 책을 못 읽는다는 말은 하지 않을 것이다.

주변에 책을 많이 읽는다고 소문난 사람들의 공통점이 하나 있다. 대부분 집에 텔레비전이 없다는 사실이다. 일단 텔레비전이 없으니 할 일이 없다. 둘 중 한 가지 일을 하게 된다. 컴퓨터(스마트폰, 태블릿)를 하거나 책을 읽는다.

물론 컴퓨터로 텔레비전 프로를 보는 사람도 있다. 하지만 텔레비전을 보는 것과는 비교할 바가 못 되기에 책을 읽는 경우가 많다. 이를 통해 환경이 중요하다는 사실을 확인할 수 있다. 그래서 한동안 거실에서 텔레비전을 치우자는 캠페인이 일어나기도 했었다.

내가 어릴 때만 해도 텔레비전 있는 집이 많지 않았다. 집에 텔레비전이 없으니 사람들은 책을 읽었다. 책만큼 시간을 보내기 좋은 도구가 없기 때문이다. 무협지 같은 경우 한 시간이 어떻게 지나갔는지도 모른다. 추리 소설도 빠져들면 시간 가는 줄 모른다. 무협지와 추리 소설을 좋아하는 사람은 이해하고도 남는 이야기일 것이다.

책을 많이 읽는 사람들은 따로 시간을 내서 읽는다. 하루 일을 끝내고 집에서 조용히 혼자 책을 읽는다. 책을 읽으며 상상의 나래를 펴기도 하고 지적 호기심을 채우기도 한다. 편안한 주말에 아무도 만나지 않고 읽고 싶었던 책을 하루 종일 읽기도 한다. 이렇게 주말마다 2권씩만 독파해도 한 달에 최소 8권을 읽을 수 있다.

그밖에 주중에 틈틈이 시간을 내서 읽으면 한 달에 10권을 읽는 것이 어려운 일은 아니다. 이 정도면 책을 좋아하고 책 읽기가 습관이 된 독서가들의 생활이라고 볼 수 있다.

잘 생각해 보면 누구나 자투리 시간이 있다. 집과 회사를 오갈 때 전철에서 보내는 시간은 제법 길다. 30~60분 정도의 시간을 확보할 수 있다. 출퇴근 시간에 사람이 너무 많아 서 있기도 힘들 정도만 아니면 전철에서 책을 읽을 수 있다.

이 시간만 모아서 책을 읽어도 한 달에 5권 정도는 읽을 수 있다. 실험에 의하면, 주변이 너무 조용하면 오히려 집중이 잘 안 되고 책도 머릿속에 잘 들어오지 않는다고 한다. 오히려 적당한 소음이 있을 때 집중이 잘 된다고 한다. 크게 떠드는 사람만 없다면 전철은 적당한 소음이 있고 집중하기 좋은 공간이다. 나도 제일 집중이 잘되고 책이 잘 읽히는 공간이 바로 전철 안이다.

몸짱들에게 어떻게 그런 몸을 만들 수 있었냐고 물어보라. 한결같이 "일부러 시간을 만들어서라도 운동한다."고 대답한다. 시간이 나서 운동을 하는 것이 아니다. 없는 시간을 쪼개서라도 운동할 시간을 만든다. 그렇게 몸을 만들고 유지한다.

책을 읽으려고 굳이 따로 시간을 낼 필요는 없다. 책 읽기는 선택의 문제다. 즉 전철을 타고 가면서 책을 읽을 것인지, 스마트폰으로 다른 것을 할지, 잠을 잘지에 대한 선택의 문제다.

약속 장소에서 사람을 기다릴 때 책을 읽을지, 스마트폰을 할지, 멍하게 기다릴지도 선택의 문제다. 은행에 가서 번호표를 뽑고 기다리면서 은행에 있는 잡지를 읽을지, 책을 읽을지도 선택의 문제다.

하루를 어떻게 보내는지 잘 생각해 보라. 아무것도 하지 않고 그냥 흘려보내는 시간이 분명히 있다. 무언가를 하기에는 애매하지만 무엇이라도 할 수 있는 시간이 분명히 있다. 이런 시간에 책을 읽어 보라.

그러기 위해서는 한 가지 전제조건이 있다. 책을 언제나 들고 다녀야 한다는 점이다. 우리가 틈만 나면 스마트폰을 하는 이유가 무엇일까? 가장 큰 이유는 우리 손에 스마트폰이 들려 있기 때문이다.

다른 생각을 할 필요가 없다. 스마트폰이 손에 있으니 가장 먼저 선택하는 것이다. 스마트폰과 책이 함께 있다면 순간 고민할 수도 있다. 그러나 책을 많이 읽기 원한다면 그 순간 책을 선택해라.

내가 무겁게 책을 들고 다니는 이유이기도 하다. 책을 들고 다니면 저절로 책을 보게 된다. 이때 스마트폰은 주머니에 들어 있다. 전철을 기다리면서 읽고, 전철을 타고 목적지까지 가면서 읽고, 약속 장소에 도착해서 기다리면서 읽는다.

이런 시간만 잘 모아도 한 달에 몇 권의 책을 읽을 수 있다. 한 달에 꼭 열 권의 책을 읽어야 할 이유는 없다. 틈틈이 생기는 시간에 책을 읽어도 독서량은 예전보다 훨씬 늘어난다.

나는 텔레비전 시청을 좋아해서 집에 들어가면 바로 텔레비전을 켠다. 집에서 텔레비전을 보면서 책을 읽기도 하는데, 솔직히 말하면 그다지 집중이 되지는 않는다. 귀를 막아도 들리고 눈을 감아도 보이는 텔레비전을 이길 방법은 없다.

그런데도 텔레비전을 보면서 책 읽는 것이 습관처럼 되어 버렸다. 텔레비전을 보며 책을 읽으면 책 읽는 시간은 길어도 읽은 페이지는 적다. 재미있는 드라마를 보면서 읽으면 한 시간에 10페이지도 못 읽기도 한다. 그렇지만 이렇게 매일 꾸준히만 해도 한 달에 300페이지 정도는 읽는다. 한 달에 한 권을 읽을 수 있다.

물론 따로 시간을 내서 읽기도 한다. 도서관에 반납해야 할 날짜는 다가오는데 읽어야 할 책이 많이 남아 있을 때다. 그때부터는 책 읽는 시간을 따로 낸다. 날씨가 따뜻할 때는 공원에 가서 읽기도 하고, 추운 날에는 독한 마음을 먹고 텔레비전을 끄고 음악을 틀어 놓고 읽기도 한다. 그렇지 않으면 도저히 시간 내에 읽지 못하기 때문이다. 이렇게 하다 보니 한 달에 10권 이상 읽게 되었다.

바빠서 책 읽을 시간이 없다면 틈틈이 자투리 시간을 활용해서 읽을 것을 추천한다. 그 시간만 잘 활용해도 책 읽을 시간이 부족하지는 않을 것이다. 만약 책을 더 많이 읽고 싶은 욕심이 있다면 따로 시간을 내서 읽는 수밖에 없다.

책 읽는 게 힘들어요
•독서능력•

유명인이 책을 소개하기도 한다. 그런 책은 꽤 많은 책을 읽은 편인 내가 봐도 부담스러울 때가 많다. 학교에서 발표하는 '청소년이 읽어야 할 목록 100권'이라든지, 단체에서 발표하는 '성인이라면 꼭 읽어야 할 목록'을 봐도 그렇다. 이런 목록 중에서 내가 읽은 책은 한숨이 나올 정도로 적다.

이렇게 되면 괜히 주눅이 든다. 책 읽는다는 말도 감히 하기 어렵다. 《죄와 벌》이나 《이방인》을 읽지 않았으면, 감히 책에 대해 말하는 것이 우습게 보일까 봐 걱정되기도 한다. 여기에 사서오경 중에 하나 정도는 읽었어야 지식인이라 할 수 있고, 책을 논할 자격이 있는 것이 아닐까 싶을 정도다.

책을 많이 읽은 사람들은 "책 좀 읽어라. 읽으면 다 너에게 도움이 되는 거야!"라고 말한다. 하지만 정작 권해 주는 책은 쉽게 읽을 수 없는 내용일 때가 많다. 그러니 권장도서에 너무 현혹되지 말고 자신의 수준에 맞는 책부터 읽어 나가는 편이 좋다.

사실 권장도서를 추천하는 사람들은 '과연 그 책들을 전부 다 읽었을까?'라는 의문이 들기도 한다. 아마 한 개인이 모든 책을 선정한 것이 아니라 다수의 사람이 함께 선정했을 것이다. 분명히 그 목록에는 선정한 사람들조차도 읽지 않은 책이 섞여 있을 것이다.

그런 경우는 의외로 많다. 사람들을 만나 우연히 책 제목이 나와 이야기하다 보면, 끝까지 읽지 않았다고 고백하는 경우가 많았다. 특히 《태백산맥》이 그랬다. 마치 하나의 유행처럼 대부분이 읽었는데 정작 끝까지 읽은 사람은 드물었다.

내 주변 사람은 대부분 5~6권 정도에서 멈췄다고 고백했다. 물론 끝까지 읽지 못했어도 읽으려고 노력했다는 점은 높이 산다. 하지만 소위 책 좀 읽었다는 사람들이 제대로 완독하지도 않고 떠드는 것에 대해 나는 거부감을 느낀다.

'한 달에 한 권 읽기도 벅찬 사람들에게 어려운 책을 권하는 것이 과연 실효성이 있을까?'라는 의문이 들기도 한다. 오히려 그런 책을 권유받으면 책 읽을 생각이 없어지는 역효과가 날 수도 있다. 덧셈 뺄셈을 배운 사람에게 곱셈 책을 권하는 것과 같기 때문이다.

그러므로 책을 권할 때는 내 관점에서 권하지 말고 상대방 관점에서 권해야 한다. 읽는 사람도 권장도서에 현혹될 필요가 없다. 자기에게 맞는 책을 골라 읽으면 된다. 책 읽는 것이 부담되면 절대로 책을 읽을 수 없기 때문이다.

책을 읽지 않아도 요즘 시대에는 볼거리와 즐길 거리가 많다. 사실 책을 읽지 않아도 살아가는 데 크게 불편한 것은 없지 않은가. 무조건 양서를 읽으라고 권하는 것은 독서를 전파하는 것이 아니다. 오히려 사람들을 책에서 멀리 도망가게 하는 것일지도 모른다.

우리 주위에 책 읽기를 싫어해도 잡지나 만화책을 보는 사람은 많다. 미용실이나 은행에서 잠시 기다리는 동안 잡지를 집어 들고 읽는다. 이런 책은 집중해서 읽지 않아도 된다. 페이지가 술술 넘어간다. 재미없어 보이는 부분은 그냥 건너뛴다. 한마디로 시간 때우기에 부담이 없다.

이처럼 책 읽기는 쉽게 접근할 수 있는 것부터 시작해야 한다. 책 읽기는 절대로 거창하고 대단한 일이 아니다. 책을 읽을 때 꼭 조용한 곳에서 몰두해 읽을 필요는 없다. 이런 생각이 오히려 책을 읽지 못하게 만든다.

책 읽기는 잡지로 시작해도 좋다. 잡지는 눈요깃거리도 많고 재미있다. 특히 자신이 관심 있는 분야의 잡지는 그 자체로 훌륭한 정보를 제공하고 책의 역할에도 충실하다.

나는 예전에 《키노》라는 영화 잡지를 읽으며 어려운 철학을 접했다. 일반 영화잡지와 달리 《키노》는 무거운 내용을 많이 실었고, 생소한 철학적 용어와 내용을 근거로 영화에 접근했다. 이 때문에 처음에는 읽으면서 상당히 고전했다.

잡지에서 프랑스 철학자 '들뢰즈'의 이야기가 나오고 '시대정신'에 대해서 논한다. 또 미장센(무대 위 등장인물의 배치나 역할, 무대 장치, 조명 따위에 관한 총체적인 계획)과 같은 용어가 난무해서 영화잡지로서는 현학적인 측면도 있었다.

그렇지만 나는 포기하지 않고 매달 《키노》를 보았다. 이를 통해 해당 분야의 정보를 많이 습득하고, 용어를 알게 되고, 철학 분야의 사람 이름이나 철학 명제에 대해서도 알게 되었다. 나는 지금 책을 읽듯이 처음부터 끝까지 모두 읽었다. 하지만 잡지를 굳이 그렇게 읽을 필요는 없다.

만화도 마찬가지다. 책과 친하지 않아도 만화책을 좋아하는 사람은 많다. 어른이 만화책을 읽는다고 창피해하는 사람들이 있는데 만화도 분명히 문화의 한 분야다. 어떤 만화는 특정 분야에 대해 책보다 더 전문적인 내용을 담고 있다.

일본을 보라. 일본에서는 지하철에서 어른이 만화를 보는 게 당연하고 자연스러운 일이다. 만화책의 장점은 한마디로 재미있다는 것이다. 어떤 장르의 만화도 남녀노소 모두 읽을 수 있다.

물론 남성에게 로맨스 장르, 여성에게 격투기 장르는 안 맞을 수도 있다. 그렇지만 우리나라에 소개되는 일본 만화는 일본에서 이미 히트를 치고 검증된 것이다. 대부분 무척 재미있고 읽을 만하다.

만화책이라고 무시하면 안 된다. 만화책을 읽으며 세상을 배우기도 하고 특정 분야의 전문지식을 얻기도 한다. 또 어떤 만화책은 자기계발서보다 더욱 각오를 다지게 만들기도 한다. 실제로 내 주위에도 만화책을 통해 지식을 습득하는 사람이 꽤 있다.

만화책도 분야가 다양하다. 개인적으로 추천해 주고 싶은 만화책도 많다. 예를 들어, 투자와 관련해 그 본질을 깨닫게 해 주는 만화도 있고, 어떤 스포츠 이론 서적보다 더 자세하게 이론을 습득할 수 있는 스포츠 만화도 있다. 또 우리가 사는 세상에 대한 철학적인 고민을 쉽게 소개하는 만화도 있다.

어떤 책을 읽는지는 중요하지 않다. 책을 읽는다는 사실 자체가 중요하다. 처음부터 능력을 타고나는 사람은 없다. 천재도 재능보다는 노력으로 성공을 거두기 마련이다. 박지성이 태어날 때부터 축구를 잘한 것이 아니고, 박찬호가 태어날 때부터 야구를 잘한 것이 아니며, 워런 버핏도 시작부터 투자의 신은 아니었다. 이들도 처음에는 자신의 분야에 익숙하지 못했다.

이제는 지식을 습득하는 방법이 다양해졌다. 스마트폰으로 글을 읽는 사람도 늘어나고 있다. 우리는 알게 모르게 무엇인가를 읽는 습관을 이미 가지고 있다. 다만 책이라는 매체를 통해 읽는 습관을 가지지 못한 것뿐이다.

스마트폰으로 글을 읽는 것은 언제든 쉽게 접근할 수 있다는 장점이 있다. 정확한 연구를 통해 검증된 결과는 아니지만, 사람들은 인터넷상의 글을 읽을 때 꼼꼼하게 읽지 않는다고 한다. 제목을 보고 끌리면 본문을 읽지만 그마저도 대부분 띄엄띄엄 읽는다. 인터넷상의 글은 그렇게 해도 읽는 데 지장 없고 내용 파악에 무리가 없기 때문이다.

마찬가지로 잡지나 만화책도 그렇게 읽을 수 있다. 적극적으로 추천하기는 뭐하지만 쉽게 읽히는 무협지도 있다. 무협지에 빠지면 책은 많이 읽을 수 있다. 그러나 계속 무협지만 읽는 모습을 많이 본 터라 적극적으로 추천하지는 않는다. 하지만 책 읽기에 대한 부담이 사라진다는 측면에서 권하고 싶다.

독서는 내가 읽고 싶은 책부터 시작하면 된다. 남들에게 보여 주기 좋은 고전만 책이 아니다. 고전을 통해 사고가 더 풍성해지고 깊어지는 건 사실이지만, 읽기 싫은 책을 억지로 읽는 것보다는 책 읽기에 흥미를 더할 수 있는 책을 읽는 편이 바람직하다고 생각한다.

그렇게 꾸준히 책을 읽다 보면, 이런 책도 읽고 싶고 저런 책도 읽고 싶어지는 날이 온다. 그때부터가 바로 본격적인 책 읽기의 시작이다. 그렇게 열심히 책을 읽다가 인생이 바뀐 사람도 많이 보았다.

책을 읽고 깨닫고

본격적으로 책을 읽기 시작한 지 어느덧 20년이 되었다. 그 동안 책을 읽고 깨달은 것은 수없이 많다. 지금의 나를 만든 원동력은 누가 뭐래도 책이다. 이런 사실은 스스로 잘 알고 있다. 책을 읽고 과거와 비교도 되지 않게 변했기 때문이다.

찌질하고 별 볼 일 없던 내가 자신감이 넘친다. 전적으로 이 모든 것은 책을 읽은 덕분이다. 나 자신의 변화에 스스로 놀랄 정도다. 아무 것도 없던 내가, 아는 것도 없던 내가 사람들에게 무언가를 가르치고 있다.

몰랐기에 배워야 했다. 배우는 데 가장 좋은 수단은 책이었다. 책은 나에게 아무런 편견도 갖지 않았다. 내가 공부를 잘하는지, 잘 생겼는지, 돈이 많은지 따지지 않았다. 자신이 알려줘야 할 것만 전달했다. 그걸 습득하고 내 것으로 만드는 것은 전적으로 내 몫이었다.

수많은 책이 나를 지나쳤다. 어떤 책은 자양분이 되었고, 어떤 책은 이해하기 힘들었고, 어떤 책은 인내를 시험했다. 단 한 권도 허투루 읽지 않았다. 발전하기 위해서였다. 가끔 머리를 식히기 위해 읽기도 했지만, 별로 아는 것이 없으니 가리지 않고 그저 열심히 읽었다.

벌써 20년이라는 시간이 흘렀다. 이제 꽤 많은 걸 알게 되었다며 독서를 소홀히 할 수도 있다. 하지만 책을 제대로 읽은 사람이라면 깨닫는다. 읽을수록 모르는 것이 더욱 많이 나온다. 알았다고 생각한 그 순간에 다른 책을 읽으니 내가 제대로 몰랐다는 사실을 깨닫는다.

이를테면 다음과 같다. 스티븐 레빗과 스티븐 더브너가 쓴 《괴짜 경제학》 책에 '그 많던 범죄자들은 다 어디로 갔을까'라는 챕터가 있다. 그 챕터에서 저자는 뉴욕시의 범죄가 줄어든 것은 '낙태 합법화' 덕분이라고 주장한다.

범죄자는 대부분 편모슬하에서 자라는 경우가 많다. 자신의 의지와 상관없이 임신하고, 아이를 낳아도 제대로 돌보지 않는다. 어려운 형편에서 보살핌을 받지 못한 아이는 자라서 범죄자가 된다. 배우지 못한 아이가 할 수 있는 가장 쉬운 것이 범죄니 말이다.

하지만 낙태가 합법화되자, 범죄자가 될 뻔한 아이들이 세상에 나오지 않았다. 이로 인해 범죄율이 급격히 낮아졌다. 실제로 낙태가 합법화되고 아이들이 사춘기가 될 정도의 시간이 지나자 범죄가 줄었다는 통계를 제시한다.

반면에 스티븐 핑거가 쓴 《우리 본성의 선한 천사》 책은 그렇지 않다고 말한다. 낙태 합법화는 실제로 불우한 환경에서 자라고 미혼모가 될 뻔한 여자에게는 별 영향이 없었다. 오히려 낙태를 실행한 여성들은 자신의 미래를 현실적으로 판단하고 복지수당까지 챙기며 살아간다. 범죄자의 엄마가 된 여성들은 낙태 생각조차도 없다. 심지어 같은 연령대에서 발생한 범죄는 10년 전에 비해 큰 차이가 없었다. 낙태 합법화가 시행된 1973년 이후 태어난 사람이 20대가 되었을 때 살인 범죄 수도 변함이 없었다.

이처럼 같은 상황을 놓고도 완전히 다른 이야기를 들을 수 있다. 오늘 내가 아는 것이 반드시 정답은 아니다. 시간이 지나면 완전히 다른 의견이 나타난다. 특히나 지금처럼 복잡다단한 사회에서는 '복잡계'라는 이론이 대세가 되고 있다. 세상에서 일어나는 현상은 어느 한 가지만으로 파악하기 어렵다. 수많은 요인이 서로 결합하여 내 눈에 보이는 현상이 되기 때문이다.

2014년에 《책으로 변한 내 인생》을 펴내고 벌써 6년이 흘렀다. 당시보다 훨씬 더 많은 걸 알게 되었다고 할 수 있지만, 한편으로는 전혀 그렇지 않다. 그때보다 몇백 권을 더 읽었지만 아직도 부족하고 모르는 게 많다. 여전히 읽고 깨닫기 위해 노력한다.

물론 책을 읽는다고 꼭 깨닫는 것은 아니다. 이제 막 새로운 분야를 접한 내가 무슨 수로 깨달을 수 있겠는가. 시간이 걸릴 수밖에 없다. 다만 그런 축적의 시간을 견뎌낸 사람만이 조금의 깨달음이라도 얻을 수 있다.

그 순간이 올 때까지 읽고 또 읽는 방법 말고는 없다. 한 번 깨달았더라도, 그게 다가 아니라는 걸 또다시 깨달아야 한다. 이런 과정을 거치며 앎의 범위가 확장된다.

제 2 부

다양한
책 읽기

어떤 책을
읽어요?

나의 어린 시절, 많은 집이 그러했듯 우리 집에도 위인전집이 있었다. 어떤 위인들인지 구체적으로 기억나지는 않는다. 그래도 이런저런 위인들에 대한 정보를 무의식적으로 기억하고 있다. 그 당시에 읽었던 책들이 머릿속에 남아 있기 때문일 것이다.

청소년 시기에는 주로 소설을 읽었다. 친구 집에 놀러 가면 그 집에 어떤 책이 있는지 유심히 살펴보았다. 적당한 기회를 노려 친구에게 눈여겨 본 책을 빌려 달라고 했다. 그 책은 대부분 친구 녀석의 책이 아니라 친구의 형이나 누나의 책이었다. 그런 식으로 최인호 작가의 소설도 읽었고, 이청준 작가의 《당신들의 천국》도 읽었던 것으로 기억한다.

고등학교 2학년 때 노벨 문학상을 받은 《파리대왕》을 쉬는 시간에 읽고 있었다. 내용은 어린 시절에 읽었던 《15소년 표류기》와 비슷했다. 책 표지에는 커다랗게 노벨 문학상이라는 타이틀이 자랑스럽게 인쇄되어 있었다.

담임 선생님이 통로를 걸어가다가 내가 책을 읽는 걸 발견했다. 선생님은 내게 "뭐 보나?"라고 물었다. 선생님은 책을 집어 들어 보고 다시 돌려주면서 "네가 이해나 하겠어?"라고 말씀하셨다. 이런 한마디가 상대의 독서 의욕을 잃게 만들 수 있다. 책을 읽는 사람에게 이런 말을 함부로 해서는 안 된다고 생각한다.

당시에 가장 탐독했던 책은 바로 김용 작가의 《영웅문》이었다. 정확한 기억은 아니지만, 당시 정비석의 《손자병법》을 비롯해 이런 책이 유행했었다. 많은 사람이 《영웅문》시리즈 중 제2편 《신조협려전》을 최고로 꼽는다. 하지만 나는 개인적으로 1편과 3편이 더 좋았다. 이 때문에 김용의 소설을 모두 찾아 읽기도 했다.

20대는 내 삶에서 가장 책을 읽지 않았던 시기였던 듯하다. 혈기가 왕성해 놀기 바빴었기 때문이다. 틈만 나면 밖에 나가 놀았다. 당시 나는 배우를 꿈꾸고 배우가 되기 위해 노력했었다. 셰익스피어나 베케트와 같은 연극 관련 책을 읽었다.

20대에 가장 열심히 읽었던 책은 바로 〈스크린〉과 〈키노〉라는 영화 잡지였다. 처음에는 〈스크린〉을 주로 읽었다. 읽다 보니 가벼운 가십거리가 대부분이어서 다른 잡지를 찾았다.

그리고 정성일 씨가 스크린에서 나오며 편집장으로 창간한 〈키노〉를 읽게 되었다. 〈키노〉는 잡지임에도 철학서를 읽는 듯한 느낌이 강했다. 지금 생각해 보면 내용이 참 좋았던 잡지였다. 매달 일주일 넘게 붙잡고 샅샅이 훑으며 읽었던 기억이 떠오른다.

나는 30대에 들어서면서 본격적으로 책을 읽기 시작했다. 그전까지는 책 읽는 것에 무슨 의미를 부여한 적이 없다. 무엇인가를 의식하면서 읽은 적도 없었다. 그러나 이때부터는 의식하면서 읽었다.

돈이 없어 집까지 걸어가고 밥을 얻어먹고 다녔던 20대를 넘어 30대가 되었다. 사업을 하자니 자본도 아이템도 없었다. 그래서 투자를 하기로 했다. 그런데 주변에 투자를 가르쳐 줄 만한 사람이 없었다. 내가 선택할 수 있는 유일한 방법은 책을 통한 공부였다. 처음에는 인터넷을 뒤져 사람들이 추천한 책을 도서관에서 빌려 읽었다.

주로 부동산과 주식 분야의 기본을 다루는 책을 찾아 읽었다. 그러다 어느 순간 투자는 자신과의 싸움이라는 생각이 들었다. 이후에는 주로 자기계발서를 읽었다. 나폴레온 힐, 브라이언 트레이시, 앤소니 라빈스, 맥스웰, 지그 지글러 등 그 분야에서 유명한 사람들이 쓴 자기계발서를 거의 다 읽었다.

몇 년을 그렇게 읽다 보니 한 달에 자기계발서 7권, 다른 책 2~3권을 읽을 수 있었다. 그런데 많이 읽다 보니 자기계발서는 거의 비슷하고 뻔한 내용이었다. 더 읽을 필요가 없다고 판단했다.

지금은 자기계발서를 예전만큼 읽지 않지만, 누구나 한 번쯤은 꼭 읽어 볼 필요가 있다고 생각한다. 자기계발서는 약간 뜬구름 잡기식의 이야기지만 또 다른 면에서는 성공 지향적인 이야기이다. 자기계발서를 읽음으로써 마음의 각오를 다지고 느슨해지는 마음을 다잡을 수 있어서 도움이 된다.

미국은 이 분야 하나만 잘해도 충분히 먹고살 수 있을 만큼 자기계발 분야 시장이 크다. 유명한 동기부여 전문가는 강의와 책 판매만으로 큰 부를 거머쥐기도 한다.

나는 30대에 2년 정도 보험영업을 했고 이후 재무설계 일을 했다. 직업적으로 필요해서 영업 관련 책을 많이 읽었다. 협상이나 대화, 심리에 관한 책도 꽤 읽었다.

솔직히 말해 책 내용을 실전에 잘 적용하지 못했다. 하지만 읽은 책들 덕분에 다양한 사람을 만나서 다양한 이야기를 나눌 수 있었고, 삶의 중심을 잡는 데 큰 도움을 받았다. 특히 성공한 사람이 쓴 책은 평범한 사람이 열심히 노력하여 자신의 분야에서 성공한 이야기가 많다. 여러 가지로 구체적인 도움을 받을 수 있어서 유익했다.

이 당시에 책을 통해 만난 인물이 워런 버핏이었는데, 그와 관련된 책은 빠짐없이 읽으려고 노력했다. 가치 투자를 다루는 주식 책도 많이 읽었다. 주식을 하기 위해서는 재무제표 보는 법을 알아야 하고, 어떤 식으로 주식투자를 하는지에 대한 방법론이 필요하니, 이와 관련된 책들을 많이 읽었다.

가치투자 책을 주로 읽다 보니 차트나 단기 트레이딩 책은 아예 보지 않게 되었다. 주식투자에 관한 책을 열심히 읽다 보면 투자는 결국 실천의 영역이라는 것을 알게 된다. 이후 직접 주식투자를 시작했고 최근에는 읽는 권수가 많이 줄었다.

주식투자에 대해 공부하면 자연스럽게 경제에 관심이 생긴다. 그래서 경제 관련 책을 읽었다. 그러나 전문적인 경제 이론서보다는 조금 말랑말랑한 책 위주로 읽었다. 경제와 관련된 역사를 다루는 책을 많이 읽었고 실생활과 접목한 경제 이야기 책도 읽었다.

경제, 주식과 관련된 책은 이쪽 분야가 발달한 미국 책을 많이 읽었다. 사실 이 분야는 우리나라 사람이 쓴 책은 잘 안 읽게 되는데, 그래도 최근에는 예전에 비해 좋은 책이 많이 나오고 있다. 경제 관련 책을 읽으면서 사람은 인센티브로 움직인다는 사실을 알게 되었고, 자본주의에 대해 많은 생각을 하게 되었다.

30대 후반에는 본격적으로 부동산 경매를 하겠다고 결심했다. 부동산 경매 책만 한 달에 10권씩 집중적으로 읽었다. 아울러 부동산과 관련된 책도 함께 읽어 나갔다.

부동산 책은 아무래도 지역적인 특성이 강해 주로 우리나라 전문가들이 쓴 책을 읽을 수밖에 없다. 그런데 부동산 분야는 읽을 만한 책이 다른 분야에 비해 많지 않았다. 특히 이론 서적은 주로 관련 법령으로 내용이 채워져 있어서 재미가 없었다.

30대에 읽은 책은 대부분 실용서였다. 실용서를 많이 읽으면서 인문 분야의 책을 읽어야 한다는 생각이 막연히 들기 시작했다. 읽은 책이 늘어가면서, 나와는 전혀 상관없는 물리, 과학, 우주 등의 분야에도 관심이 생겼다.

이 분야는 여전히 읽기 어렵다. 그래도 읽으면 읽을수록 조금씩 내용을 이해할 수 있게 되었다. 철학이나 인문 관련 책들도 척척 쉽게 이해가 되는 것은 아니지만 조금씩 조금씩 발전하고 있다.

지금은 어떤 분야의 책을 주로 읽는지 묻는다면 선뜻 대답하기 어렵다. 책을 본격적으로 읽기 시작할 때 많이 읽었던 자기계발서는 이제 거의 읽지 않는다. 투자를 위해 읽었던 주식 관련 책도 잘 읽지 않는다. 부동산 분야의 책은 양질의 책이 많지 않다. 읽어야 할 책은 거의 읽은 듯하다.

이제 실용서 이외에 인문이나 과학 같은 분야의 책들이 남아 있는 듯하다. 각자 책 읽기 역사를 돌아보면 어떤 흐름이 있을 것이다.

책의 특징이 하나 있다. 책을 읽기 전에는 좋은지 나쁜지 알 수가 없다는 것이다. 이마저도 상대적이다. 누군가에게 욕을 먹는 책이 누군가에게는 인생의 전환점이 될 수 있다. 그래서 어떤 책을 읽는지는 사실 크게 중요하지 않다. 중요한 것은 책을 읽는 것이다. 어떤 책이든 읽으면 단 하나라도 얻는 게 있기 때문이다.

꼭 무언가를 얻기 위해 책을 읽는 건 아니지만 어떤 책이든 읽으면 좋은 건 사실이다. 또한 지금 읽고 있는 책이 현재 자기의 관심 분야일 때가 많다. 그렇게 하나씩 관심 분야를 늘려 나가면 된다.

한 번에 한 권을
끝까지 읽어요

　사람마다 책을 읽는 방법은 천차만별이다. 각자 자기 스타일대로 읽는다. 어느 정도는 성격과 연관성이 있는 것 같다. 성격이 급한 사람이냐 느린 사람이냐에 따라 책 읽는 방법이 다르다. 장소에 따라 읽는 책을 달리하는 사람도 있다. 그냥 손에 잡히는 대로 책을 읽는 사람도 있다. 각자의 취향이나 성격에 따라 방법은 다양하다.

　어쩌다 책을 읽는 사람은 딱 한 권을 집어 들고, 천천히 여유 있게 곱씹으면서 한 장씩 한 장씩 넘기면서 읽을 것이다. 딱히 시간을 정해 놓고 읽지는 않겠지만, 하루 중 시간이 날 때 '어디 한번 책을 읽어 볼까?'라면서 읽는다. 하나씩 하나씩 눈에 들어오는 글자에 집중하며 점점 책 속으로 빠져든다.

　눈앞에 책이 보여 그 책을 집어 들고 읽기도 한다. '무슨 책이지?'라는 호기심에 책을 본다. 아무 생각 없이 펼친 책에서 흥미진진한 내용이 전개된다. 잠시 모든 것을 잊어버리고 빠져든다. 온 정신이 책에 빠져 허우적거리며 나오지 못한다. 이처럼 뜻하지 않게 읽은 책이 오래 도록 뇌리에 남기도 한다.

집 안 곳곳에 책이 있어 그 장소에서는 그곳에 있는 책을 읽는 사 람도 있다. 방, 거실, 화장실 등 집 어디에나 책을 놓아 둔다. 거실에서 빈둥거리다가 거실에 있는 책을 읽고, 화장실에 가면 그곳에 있는 책 을 읽는다. 이처럼 여러 권을 동시에 읽는 사람도 있다.

인간의 능력은 놀랍다. 여러 책을 동시에 읽어도 전혀 문제 되지 않 는다. 각 책에 들어 있는 내용과 정신은 그대로 읽는 사람에게 흡수된 다. 이것이 가능한 사람은 이렇게 읽는 것도 괜찮다.

이처럼 여러 권을 동시에 읽는 게 좋은 때가 있다. 바로 어려운 책 을 읽을 때다. 어려운 책은 아무리 집중하고 읽어도 머리에 잘 들어오 지 않는다. 한 페이지 한 페이지를 넘기기 버겁다. 이때는 어려운 책을 꾸준히 읽으면서, 쉽고 가볍고 재미있게 읽을 수 있는 책을 함께 읽으 면 효과적이다.

늘 쉬운 책만 읽을 수는 없다. 가끔 도전 정신을 자극하는 책도 만 나게 된다. 이런 책은 읽어도 남는 것이 없다고 생각할 수도 있다. 그 렇지만 읽어도 무슨 말인지 모르는 책도, 도대체 남는 것이 전혀 없는 것처럼 느껴지는 책도, 내가 미처 알지 못할 뿐 아주 작은 것이라도 분 명히 남는다. 이렇게 도전 정신을 자극하는 책을 읽을 때 쉬운 책과 함 께 읽으면 좋다.

사실 이렇게 책을 읽는다면 책을 많이 읽는 편에 속한다. 일주일에 한 권 읽기도 쉽지 않은데, 장소마다 읽는 책이 다르고 어려운 책을 읽 을 정도라면 말이다. 책을 많이 읽는 사람이 드물다고 하지만 주변을 둘러보면 의외로 책을 많이 읽는 사람을 발견한다. 그런 사람의 책 읽는 방법에 관한 얘기를 듣는 것도 소소한 재미를 선사한다.

나는 한 번에 한 권을 읽는 편이다. 한 번 집어 든 책을 끝까지 다 읽은 후에야 다른 책을 읽는다. 어떻게 보면 이것은 좋은 방법이 아닐 수도 있다. 책을 읽다 보면 책의 내용이 마음에 들지 않을 수도 있고, 내 수준보다 한참 낮은 책일 수도 있기 때문이다. 그럴 때는 대강 훑어보면서 읽거나 중간중간 특정 부분만 집중해서 읽는다.

나는 읽기로 마음먹은 책은 어지간해서는 속독하지 않는다. 페이지를 건너뛰면서 읽지도 않는다. 하지만 무엇이든지 오래하면 익숙해지듯 이제는 책 읽는 속도가 저절로 빨라졌다. 그렇다고 속독으로 읽는 건 아니다. 정독하면서 빨리 읽는다. 많이 읽다 보면 의식하지 않아도 책 읽는 속도는 저절로 빨라진다. 이해력도 늘어난다.

예전에는 한 권을 다 읽지 않고 새로운 책을 읽은 적도 있었다. 하지만 리뷰를 쓰기 시작한 후부터는 한 권을 끝까지 읽는다. 읽은 후에 바로 리뷰를 쓴다. 리뷰까지 쓰고 나서야 새로운 책을 읽기 시작한다.

다음 날 약속이 있어 나가야 하는데 남은 분량이 애매한 경우도 있다. 이때는 아예 그날 밤늦게까지 다 읽는다. 다음 날 가벼운 마음으로 새로운 책을 들고 나간다.

나는 이렇게 책을 읽지만 한 번에 한 권을 끝까지 읽는 방법을 권하거나 추천하지는 않는다. 이 방법은 어려운 책이나 잘 읽히지 않는 책을 읽을 때 아주 곤혹스럽기 때문이다.

어려운 책은 진도가 나가지 않는다. 물론 꼭 끝까지 읽어야 할 의무는 없다. 그래도 한 번 잡은 책은 끝까지 읽어야 한다는 고집 때문에 무조건 끝까지 읽으려고 하니 힘들 때도 많다. 이럴 때는 조금 쉬운 책을 같이 읽어주는 방법이 좋다. 그래도 나는 꾸역꾸역 끝까지 다 읽은 후에 가볍고 쉬운 책을 읽는다.

내가 한 번에 한 권을 끝까지 읽는 이유는 이렇다. 내가 읽은 책은 모두 리뷰를 쓴다. 하나의 책을 다 읽은 후 바로 리뷰를 쓰지 않고 다른 책을 읽다 리뷰를 쓰면, 새롭게 읽기 시작한 책 내용이 리뷰에 영향을 미칠까 싶어서다.

책 읽는 방법에 정답은 없다. 자기 스타일에 맞춰서 책을 읽으면 된다. 나처럼 한 번에 딱 한 권만 읽는 스타일은 많지 않다. 이것저것 잡히는 대로 읽는 사람들이 훨씬 많다.

각자 성향이 다르니 무엇이 더 좋은 방법이라고는 말하기 어렵다. 확실한 것은 자기 성향에 맞는 방법으로 읽는 것이 즐기면서 읽는 방법이라는 점이다.

오늘의 나를 있게 한 것은 우리 마을의 도서관이었다.
하버드 졸업장보다 소중한 것은 독서하는 습관이다.

- 빌 게이츠 -

잠자기 전 30분 독서로
아시아 최고의 부자가 된 **리자청**

"홍콩 사람이 1달러를 쓰면 그중 5센트는 리자청의 주머니로 들어간다."라는 말이 있을 정도로 리자청은 아시아 최고의 부자로 꼽힌다. 그는 집안이 어려워 중학교 1학년을 중퇴하고 가족을 먹여 살려야 하는 고달픈 처지였지만, 손에서 책을 놓은 적이 없을 정도로 학구적인 인물이다.

그를 성공으로 이끈 요인 중 하나는 바로 독서다. 그는 매일 새벽 4시에 일어나 중, 고교 과정을 독학했고, 잠자기 전 30분 동안 분야를 가리지 않고 책을 읽었다. 그래야 새로운 지식을 얻을 수 있고, 남보다 먼저 최신의 흐름을 파악할 수 있다고 생각했기 때문이다. 그는 주로 역사, 경제, 철학 분야의 책을 탐독했고, 소설이나 무협지 같은 흥미 위주의 책은 읽지 않았다.

최초로 세운 창장(長江) 플라스틱 공장은 자신이 즐겨 읽던 동양 고전 《묵자》에서 이름을 따왔다. 플라스틱을

사업 아이템으로 선택한 계기도 바로 독서다. 구독하던 외국잡지를 통해 해외 중산층이 성장함에 따라 그들을 공략하면 시장성이 있다는 아이디어를 얻은 것이다.

리자청은 어렸을 때부터 한시를 외우고 책을 읽었다. 매일 영어뉴스를 보며 모르는 단어가 나오면 그 즉시 찾아볼 정도로 지식에 대한 열정이 남달랐다. 지식에 대한 열정이 아시아 최고의 부자가 되는 밑거름이 된 것이다.

지식에 대한 열정이 누구보다 강했던 리자청은 2006년에 자산의 3분의 1인 6조 원을 기부하여 학교를 지었다. 싱가포르 리카싱 스쿨 건물에는 '지식이 운명을 바꾼다(knowledge reshapes destiny)'라고 쓰여 있다.

리자청을 아시아 최고의 부자로 만든 원동력은 지식에 대한 끊임없는 갈망과 실천이었다.

참고문헌
참고하기

　문학작품을 제외하고, 책의 마지막을 장식하는 것은 대부분 참고문헌이다. 저자가 책을 쓸 때 자기 생각과 경험만 쓴다면 무엇인가 부족하다. 과학자라면 자신이 연구한 결과에 대해 조사와 방대한 통계 자료 등을 통해 검증할 수 있지만, 저자의 생각과 경험만으로 쓴 책은 검증이 쉽지 않다. 또 사람들이 쉽게 공감하고 동의하지 않는다.

　저자가 잘 알려진 유명 인물이라면 사람들은 책 내용을 신뢰한다. 하지만 저자가 유명하지 않은 사람이라면 신뢰를 얻기 어렵다. 그래서 저자는 자신의 주장을 보다 확실하게 표현하기 위해 다른 저자의 책을 참고한다. 이것을 참고문헌이라고 하며 책 마지막에 참고한 책을 언급한다.

　물론 저자가 참고문헌에 적은 책을 모두 읽지는 않는다. 관련 책을 여러 권 책상 위에 올려놓고 그중에서 원하는 부분을 발췌한다. 또 필요한 부분만 정독으로 읽고 그 밖의 페이지는 가볍게 넘기기도 한다.

그렇더라도 참고문헌의 책은 저자가 주장하는 내용을 보충하고 풍성하게 해 준다.

이 세상에 나와 있는 책 중 지금까지 누구에게서도 나오지 않은 독창적인 생각과 발상을 표현한 책은 없다. 책은 저자의 생각과 경험을 토대로 이야기하기 때문에 우리가 새롭게 받아들일 수는 있다. 하지만 '하늘 아래 새로운 것은 없다.'는 말처럼 어딘가에는 비슷한 책이 있다.

참고문헌이 많은 책이 좋은지 적은 책이 좋은지는 사람에 따라 의견이 다를 수 있다. 그러나 대체로 참고문헌이 많은 책이 질적인 측면에서 더 나을 때가 많다. 논리의 오류에서 벗어날 가능성도 크다.

저자의 주장과 관점이 아무리 옳다고 해도 반대 주장은 있기 마련이다. 반대 주장을 아예 부정하거나 인정하지 않는 자세는 좋지 않다. 반대 주장을 인정하고 제대로 반박하는 것이 저자의 주장을 더욱 타당하고 공신력 있게 만드는 방법이다. 이때 저자는 관련된 책을 참고한다.

아무리 그 분야의 전문가라 해도 모든 것을 알 수 없다. 그 분야의 모든 것을 알고 자신만이 옳다고 주장하는 책이 있다면, 아마도 그 책은 참고문헌도 없고 내용도 지독한 편견에 사로잡혀 있을 것이다. 그런 책은 읽으면서 불쾌감만 올라갈 뿐이다.

대체로 학자 출신이나 교수 출신 저자의 책에는 참고문헌이 실려 있다. 참고문헌이 없는 경우는 못 본 듯하다. 실용서는 여러 책을 참고하지만 참고문헌을 싣지 않는 경우가 더 많다. 주로 저자의 경험을 위주로 쓰기 때문이다. 자기가 읽었던 책 내용을 조금씩 언급하거나 본문에 인용하기도 하지만 따로 참고문헌을 밝히지는 않는다.

자기 생각이나 자기 이야기처럼 쓸 수도 있는데 굳이 참고문헌을 밝히는 이유는 무엇일까? 앞서 말한 것처럼 저자의 주장을 보다 효율적으로 밝히고 신뢰도를 높이기 위해서이다.

나만 이야기하는 것이 아니라 다른 사람들도 같은 이야기를 할 때 사람들은 더 쉽게 믿는다. 흔히 "야! 누구도 한다고 하는데 우리도 하자~!"라는 말과 같은 이치다.

더욱이 참고한 책의 저자가 이름만 들어도 아는 인물이면 구구절절 설명할 필요가 없다. 흔히 이를 미투(me too) 전략이라고 한다. 누가 어떤 이야기나 주장을 하면 길게 설명할 필요 없이 "나도~!"라는 한 마디로 모든 것이 정리된다.

물론 저자가 하고 싶은 이야기를 보다 공고하게 다지고 심도 있게 설명하기 위해서 참고문헌을 밝히는 경우도 많다. 저자가 주장하는 이야기는 어디서 갑자기 뚝 떨어진 내용이 아니다. 저자가 책을 쓸 때는 다른 책을 통해 여러 번 읽고 생각하고 고민했던 부분을 더 새롭게 하여 쓰기 때문이다. 관련 책을 읽고 도움이 되었기에 참고문헌을 밝히는 것이다.

독자가 저자의 생각에 더 가깝게 다가가는 방법이 있다. 바로 참고문헌을 다시 참고하는 것이다. 참고문헌을 보면서 '이런 책을 통해 저자가 자신의 이야기를 밝히고 있었구나.'라고 유추할 수 있다.

그 분야에 대해 더 자세히 알고 싶다면 참고문헌에 소개된 책을 읽으면 좋다. 그중 몇 권이라도 읽는다면 이미 읽은 책에서 얻은 지식과 결합하여 해당 분야의 이해도를 높일 수 있다. 참고문헌에 언급한 책을 읽을 때 저자가 어떤 부분을 참고했고 인용했는지 살피면서 읽으면 책 읽는 재미를 더할 수 있다.

나는 참고문헌에 어떤 책이 있는지 보긴 하지만 그 책을 선택해서 읽는 경우는 많지 않다. 그러나 읽은 책이 만족스러울 때는 그 책과 연관된 책을 눈여겨보고 어떤 책을 소개하는지 기억하는 편이다. 또 책을 다 읽고 그 책 참고문헌에 내가 읽은 책이 있는지도 살펴본다. '책의 저자가 읽고 참고한 책을 나도 이미 읽었구나.' 하면서 기뻐하기도 한다.

번역서의 참고문헌에는 해외에서 발간된 책이 언급된다. 참고문헌에는 해외에서 발간된 책의 제목을 그대로 쓴다. 그중 우리나라에 번역되어 출판된 책은 한국에서 출간된 책 제목으로 소개하기도 한다.

어떤 분야의 책에서 참고문헌으로 여러 번 소개되면 그 책에 대한 관심과 호기심이 급증한다. 여러 책에서 소개하고 참고한다는 것은 그만큼 좋은 책이라는 것을 뜻하기 때문이다.

또한 여러 저자가 자주 언급할 정도면 그 책에 많은 사람이 공감하고 영향을 받았다는 뜻이기도 하다. 일반 사람들이 자주 언급해도 관심이 가는데, 여러 명의 저자가 책을 쓸 때 참고했다면 그 책은 분명히 읽어야 할 책이다.

책을 읽고 뒷부분의 참고문헌을 눈여겨보았는지 그냥 넘겼는지 한 번 되돌아보라. 독서를 막 시작했을 때는 책을 고르는 능력이 높지 않으니 참고문헌을 참고하면 좋다. 나도 처음에는 참고문헌을 많이 참고했고 큰 도움이 되었다.

책 한 권을 다 읽고 다음으로 어떤 책을 읽을지 고민하는가? 읽은 책과 비슷한 분야의 책을 더 읽고 싶지만, 어떤 책을 읽어야 할지 잘 모르겠는가? 그렇다면 참고문헌을 보고 그중에 한 권을 골라 읽는 것도 괜찮은 방법이다.

또는 서점에 가서 관심 분야의 책을 펼쳐서 뒷부분에 나온 참고문헌을 살펴봐라. 여러 책에서 언급한 책이라면 믿고 읽어도 무방할 것이다.

꼬리에 꼬리를
무는 책 읽기

독서를 본격적으로 시작하는 계기는 사람마다 다르다. 나는 투자를 배울 목적으로 책을 읽었다. 처음에는 사람들이 추천하는 책을 읽었다. 아무래도 나보다 조금이라도 먼저 읽은 사람들이 초보자에게 도움이 되는 책이라고 추천했기 때문이다.

사전 정보나 지식이 부족한 내게는 가장 좋은 방법이었다. 물론 추천한 책이 나와 맞지 않는 경우도 있었고 내용의 연관성이 떨어지는 경우도 있었다. 공부하고 싶은 분야의 책을 한 권만 읽고 그 분야의 모든 것을 알 수는 없다. 그래서 같은 분야의 책을 많이 읽었다.

문학 작품에서 고전이라 불리는 책은 한 번 읽고 나중에 시간이 흘러 다시 읽으면, 예전엔 보지 못했던 부분이 보이고 느끼는 것이 다를 수 있다. 그러나 실용서는 모든 것을 완벽하게 다루는 책도 없을 뿐더러 비슷한 내용이 다른 책에서도 언급되는 경우가 많다. 그래서 다시 읽는 것보다 그 분야의 다른 책을 읽는 것이 나을 때가 많다.

책을 다시 읽으면 내용을 되새기는 데 도움이 된다. 그런데 또 읽으려면 지겨운 게 사실이다. 처음 접하는 분야는 모르는 용어가 너무 많아 머리에 들어오는 게 거의 없다. 그렇더라도 읽은 책을 다시 읽는 건 어딘지 모르게 내키지 않는다. 수험생이 공부하는 참고서도 아니고 말이다.

그래서 나는 공부하고 싶은 분야의 책을 여러 권 골라 연속적으로 읽는다. 처음 부동산 경매를 제대로 공부하고자 마음먹었을 때는 한 달 동안 부동산 경매책만 10권씩 읽기도 했다.

그중에는 내 수준보다 조금 높은 책도 있었고, 쉽고 재미있게 읽은 책도 있었다. 처음 접하는 분야였지만 읽은 권수가 늘어날수록 모르는 용어가 줄어들었다. 내용이 머릿속에 잘 들어오고 익숙해지면서 부동산 경매의 전반적인 흐름이 보이기 시작했다.

주식 투자 공부도 책으로 시작했다. 그때 '가치투자'를 알게 되었다. 가치투자를 배우려고 워런 버핏 이름이 들어간 책은 전부 도서관에서 빌려 읽었다. 저자는 달랐지만 내용은 거의 비슷했다. 여러 책을 읽으면서 워런 버핏이 어떤 식으로 가치투자를 했는지, 그 방법과 철학을 배울 수 있었다. 그리고 자연스럽게 피터 린치, 벤저민 그레이엄 등으로 확장해서 읽었다.

같은 분야의 책을 연속해서 읽으면 좋은 점이 있다. 한 책에서 그 분야의 다른 책을 언급하니 다음에 읽을 책의 목록을 확보하기도 한다. 여러 권을 읽으면 그 분야의 책에 익숙해지면서 판단 기준이 생긴다. 이렇게 책을 선택하는 수준이 점점 높아지게 된다.

그렇게 책을 읽어 나가면 어느 순간부터 스스로 책을 선택할 수 있는 능력이 생긴다. 당연히 스스로 좋은 책을 고를 수 있게 된다.

꼬리에 꼬리를 물면서 읽다 보면 자연스럽게 깊이 있게 알게 된다. 먼저 해당 분야의 용어가 익숙해진다. 나와 잘 맞는 책도 쉽게 찾을 수 있다. 또한 정독하지 않고 가볍게 읽으면서 새로운 내용을 흡수할 수 있다. 이를 통해 내용이 완전히 이해된다. 스스로 투자할 수 있는 토대가 마련된다.

그렇게 나는 본격적으로 투자 시장에 뛰어들 수 있었다. 한 분야의 책을 100권 이상 읽으면 전문가 수준에 오를 수 있다는 말이 이래서 나온 듯하다.

문학 작품도 이런 식으로 분야를 넓혀 갔다. 우연히 박민규의 《죽은 왕녀를 위한 파반느》를 읽고 매료되어 박민규의 모든 책을 찾아 읽었다. 그러면서 나와 공유하는 점이 많은 작가의 작품을 만날 수 있었다.

마이클 코넬리의 《시인》도 시간 가는 줄 모르고 읽었다. 결국 우리나라에서 출판된 마이클 코넬리의 모든 작품을 찾아 읽으면서 추리소설에 대해 눈을 뜨게 되었다.

책을 읽을 때 어느 작가의 작품을 읽고 마음에 들어 그 작가의 모든 책을 찾아 읽게 되는 경우가 많다. 이를 '전작주의(全作主義)'라고 한다. 문학작품도 한 작가의 작품을 모두 읽으면 그 작가의 세계관을 깊게 이해하고, 다음 작품이 나올 때 더 재미있게 읽을 수 있다.

영혼 불멸의 작품 딱 하나를 써서 남기는 것은 모든 작가의 꿈이다. 하지만 현실적으로 대부분의 작가는 여러 책을 출판할 수밖에 없다. 독자는 마음에 드는 작가의 모든 책을 찾아 읽으면서 작가의 머릿속까지 파고 들어가 이해하고, 자신과 맞는 감성을 갖고 있다는 사실에

희열을 느끼기도 한다.

책으로 무엇인가 배우려고 할 때 어떤 책을 읽어야 할지 모르겠다면 어떻게 해야 할까? 서점이나 도서관에 가서 책 제목이나 내용이 말랑 말랑하고 재미있어 보이는 책을 여러 권 골라 차례대로 읽으면 된다.

책 내용을 완벽하게 이해하려고 노력하지 않아도 좋다. 부담 없이 읽으면 된다. 다음 책에서 다시 비슷한 내용이 나오기 때문이다. 나중 에는 억지로 노력하지 않아도 자연스럽게 습득하고 이해할 수 있다. 처음 책을 읽을 때와는 완전히 달라진 것을 스스로 느끼게 될 것이다.

상대에게 맞는 맞춤형 추천이
가장 바람직하다

나는 책을 추천해 달라는 요청을 종종 받는다. 그래서 몇 년 전 한 명을 상대로 책 읽기 교육을 한 적이 있다. 열심히 하는 모습이 보기 좋았고, 돈을 아껴 저축하는 모습에 호감이 가서 내가 먼저 제안했다.

나름대로 큰 그림을 그렸다. 기초적인 책부터 시작해서 한 권씩 읽게 하고, 피드백을 통해 책 수준을 조금씩 수준을 높여 가며, 마인드부터 투자 기초까지 알려 주려고 열심히 계획을 짰다.

그런데 결과부터 이야기하자면 실패했다. 우선 본인이 원해서 시작한 것이 아니어서 갈수록 적극성이 떨어졌다. 그리고 내가 추천한 책을 읽으면서 내가 원하는 걸 파악하지 못했다. 정확하게 말하면 아직 그 수준을 받아들일 수 없었던 것이다. 분명 내가 책을 읽기 시작할 때 읽었던 책들이었음에도 내용을 받아들이는 데 차이가 있었다.

책을 읽을 시간도 나와는 다르다는 사실을 고려하여 2주에 한 권을 읽게 했다. 그런데 2~3권을 읽고 나서부터는 바쁘다는 핑계로 책 읽기를 점점 게을리했다. 그래서 결국 내가 그만하자고 말하고 끝냈다. 그 후로는 가끔 물어 오는 것만 알려 주곤 했다.

블로그에 그해에 읽은 책 목록을 올린 것을 시작으로, 읽은 책에 대한 리뷰를 꾸준히 올리고 있다. 내가 읽은 특정 분야의 책 중 좋았던 책을 추천하기도 한다. 부동산 경매 분야에서 읽을 만한 책, 주식 분야의 좋은 책, 자기계발 분야의 좋은 책 등을 올린다. 분야에 상관없이 내가 읽은 책 중 사람들에게 도움이 될 만한 책을 올리기도 한다.

사람들이 책을 추천해 달라고 요청할 때는 무척 조심스럽다. 예를 들어 전혀 알지 못하는 사람이 갑자기 어떤 분야의 책을 추천해 달라고 하면 난감하다. 그 사람의 수준이 어떤지도 모르는 상태에서 무조건 추천할 수 없기 때문이다.

추천해 주었는데 별것 아니라는 반응이 나올 수도 있고, 너무 어렵다는 반응이 나올 수도 있다. 이렇게 되면 잘못 추천한 것이 된다. 상대방을 고려하지 않았으니 말이다. 반면에 성격이나 직업 등 기본 정보를 알고 있는 사람이 추천해 달라고 하면 그때는 마음이 조금 편하다. 상대의 상황에 맞춰 추천할 수 있기 때문이다.

'지식의 저주'라는 말이 있다. 이것은 상대방이 당연히 알 것으로 생각하고 이야기를 진행하는 경우를 말한다. 예를 들어 나는 상대방이 곱셈을 알 것으로 생각해 이야기했는데, 상대가 덧셈과 뺄셈밖에 배우지 못한 경우를 말한다. 이때는 자기만 신나서 혼자 떠들 뿐이다.

상대방은 어쩔 수 없이 그저 고개만 위아래로 흔들게 된다. 모른다고 말하기 창피해서 그냥 가만히 있는 것이다. 이처럼 무엇을 하든 상대의 눈높이에 맞추는 일은 중요하다.

몇 년 전에는 열심히 읽고 도움이 되었던 책인데, 시간이 흐르고 지식이 늘어나니 오히려 그 책을 안 좋은 시선으로 바라볼 때도 있다. 읽을 당시에는 굉장히 좋다고 생각했는데도 말이다. 아마도 상황과 환경, 습득한 지식에 따라 생각이 바뀌기 때문인 듯하다.

지금 나에게는 별 도움이 되지 않는 책이지만, 내가 읽었을 때 도움이 되었던 당시를 회상하면서, 지금 그 당시의 나와 같은 상황에 있는 사람에게 도움이 되리라 생각하고 추천하기도 한다.

똑같은 책이라도 그 책을 누가 읽는지에 따라 좋은 책이 되기도 하고 나쁜 책이 되기도 한다. 예를 들어 내가 쓴 《부동산 경매 따라잡기》는 막 부동산 경매에 입문한 사람을 대상으로 한다. 책에도 정확하게 목적을 밝혔다.

그런데도 "누구나 부동산 경매를 경험하면 알 수 있는 내용을 왜 책으로 냈느냐?"고 비난하는 사람도 있었다. 반면에 많은 도움을 받았다고 말하는 사람도 있었다.

책을 추천하는 것도 이와 마찬가지다. 상대방을 알지 못한 상태에서 권하는 책은 큰 위험성이 따른다. 누군가의 인생을 변화시킨 책이 누군가에게는 쓰레기로 취급되는 경우도 종종 본다. 이런 이유로 책 추천은 쉬운 일이 아니다.

그렇다고 책을 추천해 달라는 사람의 부탁을 딱 잘라 거절하기도 미안하다. 한편으로는 책을 추천해 달라고 하면 괜히 우쭐해져서 추천하려는 마음도 있다. 그래서 부족한 정보를 근거로 해서라도 상대방에게 적당할 것 같은 책을 추천하기도 한다.

책을 추천하는 방법은 다양하다. 먼저 분야별로 내가 읽었던 책을 근거로 삼아, 이런 이유로 이런 책을 읽으면 좋다고 목록을 작성한다. 이 목록을 바탕으로 필요한 사람에게 추천하기도 한다. 그런데 책을 읽는 사람의 상황이나 사정과 잘 맞는지 걱정이 되기도 한다.

책 추천이 어렵고 조심스럽지만 누군가 책을 추천해 달라면 나는 성심성의껏 추천해 준다. 이 덕분에 나도 기억의 저편에서 책을 꺼내 찾아볼 수 있어 도움이 된다. 그리고 추천받은 사람이 책을 읽고 도움을 받으면 그것만큼 보람 있는 일도 없다.

내가 훌륭한 책을 추천해 주었기 때문이 아니다. 책 읽는 사람이 많아지고, 이로 인해 누군가의 삶에 변화가 오면 나도 기쁘다. 나도 책으로 삶이 변한 사람이기 때문이다.

책을 반드시 끝까지 읽어야 하는 것은 아니다.
단 한 줄이 평생의 보물이 되기도 한다.

- 사이토 다카시 -

책을 발판으로
꿈을 향해 전진했던 **링컨**

"국민의, 국민에 의한, 국민을 위한"이라는 말로 유명한 링컨은 남북전쟁을 통해 흑인 노예를 해방했을 뿐만 아니라, 자기와 다른 노선을 걷는 정치적 경쟁자들을 각료로 세울 정도로 탕평책을 펼쳤다.

사실 링컨은 선거에서 수없이 패배를 맛보았다. 자칫하면 제일 불운한 사람이 될 수도 있었지만, 그는 포기하지 않고 계속 도전하여 마침내 미국 대통령이 되었다.

그는 "책을 구해서 읽고 공부하라. 책을 이해할 줄 아는 능력은 누구나 똑같다. 성공하고야 말겠다는 결심이 그 무엇보다 중요하다는 것을 늘 마음에 새겨둬라."라고 말할 정도로 책의 중요성을 알고 몸소 실천했다.

링컨은 《워싱턴 전기》를 빌려 읽다가 책이 비에 젖는

바람에 책값만큼 일하기도 했다. 그에게 책은 무엇보다 소중한 존재였다. 책은 그에게 꿈을 키우고 꿈을 향해 한 걸음씩 걸어갈 수 있게 도와준 멘토였다. 그렇게 그는 앞날을 차근차근 준비할 수 있었다.

새어머니가 읽어주는 《성경》, 《이솝이야기》를 비롯한 다양한 책은 그의 훌륭한 인격을 형성하는 데 재료가 되었다. 특히 《로빈슨 크루소》는 그에게 큰 영향을 미쳤다.

무인도에 혼자 살면서 자신의 삶을 꾸려나가는 주인공의 이야기를 읽으면서 용기를 갖게 되었고, 이것이 훗날 노예제 폐지를 위한 외로운 길을 걸어가는 데 든든한 힘이 되어 주었다. 위대한 정신의 근원은 바로 책에 있었던 것이다.

베스트셀러의
허와 실

한 해에 출간되는 책은 수만 권에 이른다. 이중에서 베스트셀러가 되는 책은 극히 소수에 불과하다. 베스트셀러는 많은 사람이 선택한 책이다. 분야를 막론하고 이 주의 베스트 내지 이달의 베스트 50위 안에 들었다면 상당히 많은 사람에게 선택받은 책이다.

많은 사람이 선택한 베스트셀러는 그 책에서 얻고 깨달을 것이 많다고 할 수 있을까? 꼭 그렇지는 않다. 특히 출시된 지 보름도 안 된 책이 베스트셀러가 되었다면 생각해 볼 필요가 있다.

짧은 시간에 베스트셀러가 된 책은 저자가 유명한 경우가 많다. 저자가 이미 다른 책을 낸 적이 있고 그 저자에 대한 믿음이 있다면 책 내용을 따지지 않고 사기 때문이다.

책을 한 번도 낸 적이 없는 유명인이 책을 출간해도 마찬가지다. 어떤 이야기를 하는지 궁금해서 그 책을 산다. 아마 평소에 유명인이 한 행동이나 말의 영향을 받아 살 것이라고 생각한다. 와 닿지 않는 말, 이상한 말을 하는 사람이 쓴 책을 읽을 사람은 없으니 말이다. 이처럼 유명인의 책은 출간 전부터 관심을 받는다. 그래서 출간과 동시에 베스트셀러가 되는 경우가 많다.

그 외의 경우 짧은 기간에 베스트셀러가 되었다면, 출판사가 출간과 동시에 꽤 많은 분량의 책을 구입하는 것이라 보아야 한다. 보통 베스트셀러는 하루 단위, 일주일 단위, 한 달 단위 식으로 선정된다. 따라서 며칠만 집중적으로 사들이면 된다. 수백 권씩 사지 않아도 얼마든지 상위권에 올려놓을 수 있다.

우리나라 출판시장은 무척 작다. 특정 인터넷 서점이나 일반 서점에서 하루 몇십 권씩 팔리는 책이 드물다. 그래서 얼마든지 초기에 바람몰이를 하여 베스트셀러를 만들 수 있다. 특정 출판사에서 책을 사재기하여 베스트셀러로 만들었다는 뉴스를 종종 보지 않았는가?

초반에 바람몰이를 잘하면 사람들은 단지 베스트셀러라는 이유만으로도 산다. 출판사가 많이 이용하는 방법 중 하나다. 독자가 특정 분야의 책을 살 때 그 분야의 베스트셀러를 선호하기 때문이다.

책 전체를 읽어 보지 않고는 그 책이 좋은지 나쁜지 알 수 없다. 결국 독자는 책 광고나 책 내용을 보여주는 문구를 통해 판단할 수밖에 없다. 책이 많이 노출될수록 눈에 들어오고 무의식중에 책을 기억한다. 이처럼 베스트셀러는 우리가 책을 선택하는 데 중요한 역할을 한다.

사람들이 책을 읽고 크게 감명받거나 책 내용이 좋으면 리뷰를 써서 올린다. 물론 책을 읽는다고 꼭 리뷰를 쓰고 올리는 것은 아니다. 사실 100만 부나 팔린 책도 리뷰는 많지 않다. 베스트셀러라도 하나의 인터넷서점에 100~200개의 리뷰밖에 없다.

책이 나온 지 얼마 되지도 않았는데 리뷰가 상당히 많으면 이것도 의심해 볼 필요가 있다. 아무리 많이 팔리고 좋은 책이라도 그렇다. 책이 팔리는 것과 사람들이 리뷰를 올리는 것은 다른 문제다.

출간된 지 한 달도 안 된 책에 상당히 많은 리뷰가 있다면 좀 이상하다고 봐도 된다. 물론 너무 좋은 책이어서 리뷰를 쓰고 싶은 마음이 절로 나올 수는 있지만, 현실적으로 짧은 기간에 많은 리뷰가 올라오기는 어렵다.

나는 여러 출판사에서 한 달에 몇 권씩 책을 받는다. 출판사가 나에게 그냥 책을 줄 이유는 없다. 당연히 책을 읽고 리뷰를 올릴 것을 제안한다. 흔히 이를 바이럴 마케팅(Viral Marketing)이라고 한다. 출판사에서 직접 하는 광고는 믿을 수 없지만 잘 알지 못하는 누군가 읽고 쓴 리뷰는 믿을 수 있기 때문이다.

나는 한 달에 올리는 책 리뷰가 많다. 블로그에 올리는 리뷰의 조회수도 꽤 되는 편이다. 출판사 입장에서 책 한 권 선물은 비싼 광고보다 효과적이다. 물론 출판사들이 내게만 책을 보내는 건 아니다. 최소 몇 명에서 몇십 명에게 책을 보낸다.

나는 될 수 있는 한 책을 읽고 느낀 대로 올리는 편이다. 그렇더라도 나도 사람이다. 인지상정에서 완전히 벗어날 수는 없다. 이런 이유로 출간된 지 얼마 안 된 책에 유난히 리뷰가 많으면 약간 삐딱한 시선으로 바라보게 된다. 더욱이 글을 읽고 느끼는 것은 사람마다 다르다. 완벽한 책은 당연히 없다. 따라서 좋다는 리뷰 일색이라면 더더욱 고개를 갸웃하게 된다.

베스트셀러는 분명 독자에게 큰 도움이 된다. 어떤 책을 고를지 혼란스러울 때, 오랜만에 책을 읽으려고 할 때 그렇다. 책이 너무 많으니 바로 눈앞에 보이는 베스트셀러 책을 선택할 수밖에 없다.

그렇다고 모든 베스트셀러 책이 형편없다는 뜻은 아니다. 모든 책은 의미가 있다. 나는 책이 문제가 아니라고 본다. 책을 읽는 사람이 어떻게 접근하느냐가 문제라고 생각한다. 책을 읽고 단 5%라도 얻은 것이 있다면 그 책은 독자에게 도움을 준 것이기 때문이다.

베스트셀러의 좋은 점도 있다. 베스트셀러를 통해 사람들의 관심사가 무엇인지 알 수 있다. 사람들이 현재 어떤 생각, 어떤 고민을 하는지도 알 수 있다. 어떤 책이 베스트셀러가 되었다면, 그 책은 당시 사람들이 필요로 하는 부분을 긁어 주거나 해소해 준다고 봐야 한다. 특히 대다수 사람이 공통적으로 느끼고 있는 내용이 책으로 나왔을 때 그 파급력은 어마어마하다.

사재기로 억지 베스트셀러를 만드는 것은 쉬운 일이 아니다. 잠시 동안 베스트셀러에 올려놓을 수 있지만 오래 지속하게 할 수는 없다. 이런저런 이유로 나는 베스트셀러보다 스테디셀러를 더 선호한다. 스테디셀러는 시간이 지나도 사람들의 입소문에 의해 인기가 떨어지지 않고 계속 유지된다. 이는 내가 알고 있는 누군가가 추천하는 책이라면 믿을 수 있는 것과 같다.

출판시장은 매년 베스트셀러를 발표한다. 각 서점에서 판매지수 및 인기도, 투표 등을 근거로 순위를 매겨 발표한다. 여러 출판 관련 단체에서도 올해의 책이라는 타이틀로 발표한다. 이 베스트셀러 목록을 자세히 살펴보면 좋다. 그해에 사회에서 벌어진 현상이나 상황을 파악할 수 있고 사람들의 심리와 생각을 읽을 수 있다.

많은 사람이 공감하여 선택한 책이 바로 베스트셀러라고 할 수 있다. 베스트셀러가 된 책이 사람들에게 오랫동안 지속적으로 유익한 정보를 제공하고 공감을 준다면 스테디셀러가 된다. 그리고 아주 긴 시간이 지나도 읽을 가치가 있는 책이라면 우리가 말하는 '고전'이 된다.

반면 처음에는 사람들의 관심을 받지 못했지만, 시간이 흐르며 점차 많은 사람의 선택을 받는 책이 있다. 어떻게 보면 이런 책이 진정한 양서라 할 수 있다. 책의 유익함이 빛을 발한 것이다.

나는 대형 서점을 갈 때면 꼭 베스트셀러 코너에 가서 어떤 책이 올라왔는지 눈여겨본다. 그 책이 좋은 책이라는 보장은 없다. 그러나 최소한 많은 사람에게 선택받았다는 이야기는 무언가 좋은 점이 있다고 생각한다. 나는 이렇게 베스트셀러 목록을 눈여겨보았다가 읽을 기회가 있으면 그 책을 읽는다.

베스트셀러가 되기 전에 출판사에서 책을 보내 주었는데, 나중에 그 책이 베스트셀러가 되는 경우가 있다. 전에는 별 관심이 없었는데 베스트셀러가 되면 관심이 간다. 이것은 어쩔 수 없는 인간의 심리인가 보다.

베스트셀러가 꼭 좋은 책이라고 말할 수는 없다. 하지만 많은 사람이 관심을 두고 공감대를 형성한 책이다. 베스트셀러가 시대의 트렌드를 파악하는 데 도움이 되는 것은 분명하다.

책을 고르는 방법

독서가 좋은 건 누구나 안다. 많은 사람이 책을 읽고 과거와는 다른 사람으로 변신하겠다고 생각한다. 그러나 막상 책을 읽으려고 하면 쉽지 않다. 질릴 정도로 많은 책에 갈피를 잡기가 힘들다. 책의 종류도 엄청나게 많고 어떤 책이 좋은지 판단하기도 어렵다.

어떤 책을 읽는 것이 좋을까? 독서가 밥을 먹는 것처럼 일상적인 일이라면 고민할 필요가 없다. 좋은 책이든 아니든 그냥 아무 책이나 읽으면 된다. 하지만 처음 책을 읽을 때는 일주일에 한 권도 쉽지 않다.

무턱대고 아무 책이나 집어 들고 읽을 수 없다. 잘못 고르면 시간과 정력이 낭비되기 때문이다. 영화는 예고편을 보면서 어느 정도 영화에 관한 판단을 내릴 수 있다. 하지만 책은 영화를 고르는 방식으로는 유익하고 좋은 책을 고를 수 없다.

가장 쉬운 방법은 베스트셀러에서 고르는 것이다. 오프라인 서점과 인터넷 서점은 '올해의 베스트', '주간 베스트', '월간 베스트' 등의 방법으로 많은 사람이 선택한 책을 알려준다.

또 한 달 단위나 1년 단위의 베스트에 들지 못했지만, 오랫동안 많은 사람이 꾸준히 선택한 스테디셀러도 소개한다. 이런 책을 선택하면 최소한 실패하지 않을 수 있다.

어떤 경로를 통해 베스트셀러가 되었든 간에, 월별이 아닌 올해의 베스트셀러는 읽을 만한 책이라는 걸 의심할 여지는 없을 듯하다. 올해의 베스트는 현재 우리 사회에서 사람들의 관심사, 유행, 향후 주목해야 할 분야에 대해 미리 알 수 있게 하는 역할도 한다.

즉 사람들이 아무 이유 없이 그 책을 선택하는 것이 아니다. 의식적으로 또는 무의식적으로 선택하고, 새로운 흐름과 이야깃거리를 만들어 내는 것이다.

이런 이유로 베스트셀러나 스테디셀러는 책을 고르는 가장 보편적이고 편리한 방법이다. 특히 스테디셀러는 꽤 오랜 시간이 지나도 사람들에게 선택받는다는 점에서 베스트셀러보다 더 높게 평가되어야 한다. 우리가 오랜 시간이 지나도 여전히 고전을 읽는 이유와 마찬가지로, 스테디셀러는 몇십 년 후에는 그런 평가를 받게 될 가능성이 있는 작품이다.

여기서 한 걸음 더 나아가 베스트셀러나 스테디셀러에 오른 책에 달린 리뷰가 얼마나 되는지 살펴보면 좋다. 사실 책을 읽고 나서 리뷰를 쓸 수도 있고 쓰지 않을 수도 있다. 그런데 책을 많이 읽는 사람들이 리뷰를 쓰는 이유는 뭘까? 그 책을 읽고 좋았기 때문이다. 책이 별로였다면 굳이 리뷰를 쓸 이유가 없을 것이다.

베스트셀러나 스테디셀러 중 리뷰가 100개 이상 달린 책을 골라 읽는 방법도 좋다. 나는 한때 분야에 상관없이 리뷰가 100개 이상 달린 책을 전부 기록해 두었다가 읽은 적이 있다. 이렇게 하니 특정 분야를 편식하지 않고 골고루 읽게 되고 리뷰가 많이 달린 이유를 공감할 수 있었다.

100개 이상 리뷰가 달린 책을 다 읽은 후에는 50개로 숫자를 줄여 여기에 해당하는 책을 읽으면 된다. 이 방법은 독서를 시작하는 단계에 있는 사람들에게 추천한다. 베스트셀러나 스테디셀러 책을 골라 읽는 것 다음으로 좋은 방법이다. 단, 이렇게 선정된 책은 그 수준이 높지 않을 수도 있다.

유명인이 추천한 책도 좋다. 공부하려는 분야나 읽고 싶은 분야에서 유명인이 추천한 책을 읽는 것이다. 주식, 부동산, 고전 문학, 물리, 재무, 여행 등 각 분야에서 유명한 사람을 검색으로 쉽게 찾을 수 있다.

해당 분야에 가장 해박한 지식을 가진 사람들이 추천하는 책이라면 믿을 수 있다. 다만, 한 가지 염려되는 점도 있다. 이제 막 입문한 사람의 독서 수준에 맞지 않는 어려운 책을 추천할 수도 있다. 이분들은 해당 분야에 대한 해박한 지식을 가졌기 때문이다.

그렇다 해도 이분들이 추천하는 책이라면 분명히 피와 살이 될 것이다. 네이버 '지서재(지금의 나를 만든 서재)'는 각 분야에서 고수로 인정받는 사람들이 자신과 책에 관련된 이야기를 한다.

꼭 해당 분야가 아니더라도 읽을 만한 책도 추천해 준다. 역시 어려운 책들이 많이 선택되기는 한다. 그중에서 쉬워 보이는 책을 골라 읽으면 된다.

    포털의 파워블로거들이 추천하는 책을 보는 것도 하나의 방법이다. 파워블로거는 나름대로 해당 분야에 많은 지식을 가지고 있다. 이들이 읽었던 책 중에 괜찮은 책을 추천해 주니 참고하면 좋다.

    책 분야의 파워블로거들이 추천한 책을 읽는 것도 좋지만, 그보다는 오히려 각 분야의 전문가들이 추천하는 책이 더 도움이 된다. 왜냐하면 해당 분야에 대해 가장 잘 알기 때문이다. 전문가들이 책을 추천할 때 그냥 추천하지 않는다. 독자의 수준에 맞게 추천한다. "이런 수준에 있는 분들에게 좋을 것 같습니다." 식으로 말이다.

    독자가 쓴 리뷰를 읽고 책을 고르는 방법도 좋다. 리뷰는 책에 어떤 내용이 담겨 있는지 알려 준다. 영화 예고편과 같다. 주관적인 판단이 많이 들어 있지만, '책이 좋다' 또는 '책이 나쁘다'는 가치 판단이 들어간다. 따라서 책을 고르는 데 도움이 된다.

    리뷰를 보고 해당 책을 읽고 싶다는 강렬한 마음이 생긴다면 그 책은 좋은 책이다. 물론 가끔 책 내용보다 리뷰가 더 좋은 경우도 있다. 하지만 아무리 좋은 리뷰라도 결국에는 책 내용을 기초로 한 것이다.

리뷰가 책 내용과 완전히 동떨어진 경우는 드물다.

인터넷 서점의 책 소개를 보고 고르는 것도 좋은 방법이다. 모든 책을 다 읽을 수도 없고 어떤 내용인지 알 수 없지만, 책 소개 글이 마음에 든다면 그 책을 고르면 된다.

이처럼 책을 고르는 방법은 다양하다. 어떤 방법을 택하든 책이 재미있어야 한다는 점이 가장 중요하다. 내용이 잘 이해되지 않더라도 계속 읽다 보면 무언가 하나씩 머리에 들어오는 경험을 하게 된다. 이를 통해 책 읽는 진정한 재미를 느낄 수 있다.

다양한 책 읽기

책의 분야는 참 많다. 그런데 사람들은 대개 같은 분야의 책만 읽는다. 다독가라는 말을 듣는 사람도 그렇다. 심지어 책을 꽤 많이 읽는 사람들조차도 그렇다. 자신이 흥미있고 관심있는 분야만 주구장창 읽는다. 해당 분야에 대한 이론은 탄탄하다.

그러나 자기가 알고 있는 것이 꼭 맞다는 보장이 없는데도, 다른 이론이나 논조의 책은 배척한다. 이런 상황에서는 책을 읽어도 사회에 대한 균형 잡힌 시선과 관점을 얻기 어렵다.

'문사철'이라는 표현이 있다. 문학, 역사, 철학을 의미한다. 보통 '인문'이라고 말한다. 이런 걸 배워야 제대로 세상에 대한 자신만의 시선을 얻을 수 있다는 뜻이다. 하지만 현대 사회에서는 이런 분야만 읽는다고 세상을 제대로 알 수는 없다. 복잡한 현대 사회가 어떻게 굴러가는지 이해하려면 경제, 경영 분야도 깊게 알아야 한다.

다양한 분야의 책을 읽지 않으면서 책 좀 읽는다고 자부하는 것은 오만이라 생각한다. 당장 서점에 가서 둘러보라. 수많은 분야의 책이 나를 기다리고 있다. 서점에 갔을 때 주로 어떤 분야로 가는가? 먼저 가는 분야는 현재 당신이 가장 관심 있는 분야라는 뜻이다. 열심히 해당 분야 신간을 이것저것 본 후에 서점을 나가는 경우가 대다수다. 몇 번씩 다시 서점을 방문해도 똑같은 분야에서만 머물지 않았을까?

다른 분야로 발걸음이 가지 않는다. 물론 가끔씩 가는 분야는 있을 것이다. 솔직히 서점에서 단 한 번도 가본 적이 없는 섹션도 많지 않은가? 그만큼 내 독서가 편중이 심하다는 뜻이다.

그게 꼭 틀리거나 잘못된 건 아니다. 단순 잣대로 말하긴 곤란하지만 세계에서 투자를 잘 한다는 워런 버핏의 단짝인 찰리 멍거는 문학 소설을 전혀 읽지 않는다고 한다. 대신에 그 외의 분야는 엄청나게 읽는다. 사람들이 읽지 않는 물리학 분야도 읽는다.

멍거는 '격자틀 정신모형'이라는 개념도 만들었다. 자신이 직접 경험한 것과 간접 경험한 것을 잘 통합해서 쌓아야 한다는 의미다. 간접 경험은 독서를 의미한다. 멍거는 대단한 다독가로 확고한 투자철학을 가지고 다양한 분야를 읽는다. 단지 소설 분야를 읽지 않을 뿐이다.

특정 분야 책은 나랑 안 맞을 수도 있다. 그건 인정한다. 그렇더라도 다양한 분야의 책을 읽으려 노력해야 한다. 나도 주로 경제, 경영 분야를 읽지만 최대한 다양한 분야를 읽으려고 노력한다.

내가 블로그에 올리는 리뷰를 보면 알 수 있다. 소설, 철학, 심리학, 과학, 역사, 사회, 예술, 종교, 건강 등 다양한 분야의 리뷰를 올린다. 편견에 빠지지 않기 위해서라도 다양한 분야의 책을 골고루 읽어야 한다. 편식이 건강에 좋지 않은 것처럼 한 분야의 책만 읽은 사람도 지식과 사고의 편견에 사로잡힌다.

같은 분야 책을 계속 읽다 보면 어느 순간부터 그 분야는 별로라고 느낄 수 있다. 특히 자기계발 분야가 그렇다. 처음에는 가슴이 뜨거워질 정도로 벅차게 읽는다. 계속 읽다보면 무감각해진다. 더 이상 예전처럼 뜨거운 마음이 생기지 않는다.

이럴 때는 다른 분야의 책을 읽는 것이 좋다. 계속 자기계발 책만 읽으면 그 이면의 세계를 보지 못한다. 사실 자기계발을 싫어하는 사람도 꽤 많다. 재미있게도 자기계발을 그렇게 싫어하지만 자기계발로 변화한 사람은 인정한다.

나는 자기계발이 물리와도 연결되었다는 것을 알고서 물리에도 관심을 가지게 되었다. '끌어당김의 법칙'은 자기계발에서 너무 유명한 이론이다. 그런데 이것이 물리에서 적용되는 이론이라는 사실을 알고 깜짝놀랐다. 다양한 책을 읽어야 이렇게 지식이 확장된다. 세상을 바라보는 폭도 더 넓어진다.

진짜 독서의 세계에 빠진다면 내가 이렇게 이야기하지 않아도 스스로 찾아서 읽는다. 궁금한 점이 점점 많아지고 알고 싶은 영역이 넓어진다. 모르는 걸 배우는 것이 재미있다. 경험해 본 사람은 안다.

내면의 세계를 확장하려면 다양한 분야의 책을 읽어라. 그러면 어떤 사람과 만나도 자신있게 내 생각을 전달할 수 있다.

자신이 읽고 싶은 책을 읽어야 한다.
일거리처럼 읽은 책은
대부분 몸에 새겨지지 않기 때문이다.

- 사무엘 존슨 -

제 **3** 부

읽고
배우기

책으로
학습하기

어릴 때 아는 형이 멋있게 기타를 치는 모습을 우연히 보았다. 내가 어릴 때는 기타 하나만 있으면 모든 노래를 부를 수 있었고, 무엇보다 여학생들의 인기를 독차지할 수 있었다. 그 당시 한 줄 한 줄 기타를 뜯으며 노래 부르는 남학생은 여학생들에게 로망의 대상이었다.

나도 무척 기타를 치고 싶었다. 하지만 기타가 없었고 기타를 배울 방법도 없었다. 한 푼 두 푼 어렵사리 돈을 모아 기타를 하나 샀는데, 기타를 칠 줄 모르는 게 문제였다. 유일한 해결 방법은 바로 책이었다. 책으로 공부하면 남에게 부탁하지 않아도 되고 못 친다고 구박받을 일도 없다. 혼자서 노력하면 되는 장점이 있다.

기타 교본을 사서 책에 나온 대로 하나씩 따라 했다. 손가락 마디마디가 아프고 굳은살이 박일 정도로 열심히 연습했다. 그렇게 가요 하나를 연습하고, 코드 진행에 맞춰 노래 한 곡을 완성한 경험이 있다.

그 후로도 나는 무언가를 시작할 때 먼저 책으로 공부하는 경우가 많았다. 책으로 시작하지 않은 경우도 있지만 뒤늦게라도 관련 책을 찾아 읽었다. 흔히 말하는 교본이라는 걸 읽었다. 대개의 교본은 글만 있는 것이 아니라 사진이 함께 실린다. 혼자 따라 하고 흉내 내면서 연습할 수 있어 큰 도움이 된다.

한번은 친구들을 따라 당구장에 갔는데 너무 재미있었다. 도서관에 가서 관련 서적을 찾아 읽었다. 당구는 각도와 포인트가 중요하다는 사실을 배웠다. 책은 지적 만족을 위해 읽는 경우도 있지만, 실용적인 목적으로 무언가를 배우기 위해 읽는 경우가 많다. 당구처럼 직접 몸으로 익혀야 하는 것은 책으로 배우는 데 한계가 있긴 하다.

나는 당구를 책으로 익혔지만, 강습소에서 배우면 몇 개월 만에 실력이 크게 향상된다고 한다. 어쩌면 그편이 시간과 돈을 절약하고 친구들에게 실력도 인정받는 빠르고 편한 길이었는지도 모른다.

심지어 나는 춤도 책으로 익혔다. 내가 중학생일 때 마이클 잭슨의 브레이크 댄스가 폭발적인 인기를 끌었다. 브레이크 댄스 교습 책을 구입했다. 그걸 보고 따라 하며 브레이크 댄스를 익혔다. 한 친구는 내게 춤 동작을 가르쳐 달라고 하기도 했다. 춤처럼 몸을 움직이면서 하는 건 누군가에게 직접 배우는 편이 더 빠르다. 체계적으로 기초부터 하나씩 단계를 밟아 나갈 수 있기 때문이다.

하지만 나는 성격상 낯을 좀 가리는 편이어서 주로 책으로 배웠다. 책을 보고 익힌 것이라도 모두 어느 정도 수준에 이를 수 있었다. 기타를 잘 친다는 칭찬도 많이 들었다. 주변 여학생들이 내게 기타를 쳐 달라고 요청하기도 했다. 대학 MT 때 내가 춤추는 모습을 보고 사귀자고 한 여학생도 있었다.

당구도 질 때보다 이길 때가 더 많았다. 다만 책으로 혼자서 익히면 일정 수준 이상은 뛰어넘지 못하는 듯하다. 개인차는 있겠지만 몸으로 하는 건 얼마나 익히고 연습하느냐에 따라 달라지기 때문일 것이다.

안철수 씨도 어떤 분야를 시작할 때 책을 먼저 읽고 시작하는 것으로 유명하다. 바둑도 책을 몇 권 읽고 시작해서 짧은 시간에 실력이 크게 늘었다고 한다.

책을 읽는 사람은 책에서 무언가를 배운다. 아니, 책으로 먼저 공부한 후에 본격적으로 시작하는 경우가 많은 것 같다. 좋게 이야기하면 학구적이고 나쁘게 이야기하면 고리타분하고 답답한 스타일이다.

책에는 어떤 분야를 막론하고 내가 알고자 하는 지식이 담겨 있고, 나보다 앞서 길을 걸어간 사람들의 이야기도 담겨 있다. 성공과 실패를 비롯해 그 과정에서 겪은 다양한 사례, 심적인 고뇌와 환희까지 고스란히 녹아 있다.

직접 체험하기 전에 먼저 이론을 아는 것은 큰 효과를 가져온다. 나도 부동산 경매를 시작하기 전에 책을 수십 권 읽었다. 각종 카페에 올라와 있는 모든 글, 유명하고 실력 있는 사람의 글을 처음부터 최근 것까지 하나도 빠짐없이 다 읽었다. 그리고 부동산 경매를 본격적으로 시작했다. 한마디로 책으로 배운 것이다.

책과 글을 읽고 또 읽으면 나 자신도 모르게 머릿속에 이미지 트레이닝이 된다. 어떤 식으로 경매를 진행해야 하는지 저절로 체득되는 것이다. 다만 책으로 공부하면 배우는 속도가 느리다.

돈을 내고 강의를 들었다면 좀 더 빨리 습득하여 시간을 단축할 수 있었을 거라는 생각도 든다. 하지만 책으로 내가 하고 싶은 걸 배우고,

실제 현장에서 적용할 수 있는 기본기를 다졌다는 점에서 의미가 있다고 생각한다.

책으로 무언가를 배운다고 하면, 그렇게 해서는 절대로 잘할 수 없다고 극단적으로 말하는 사람도 있다. 이론은 현실에 부닥쳤을 때 소용없다는 논리다. 이런 말을 하는 사람은 책을 통한 이론보다는 현장과 경험을 중시한다. 하지만 이 때문에 오히려 자신만의 세계에 갇힐 수 있다. 이론과 현장은 분명 서로 보완되어야 하는 관계다.

인류의 문명이 지금처럼 발달할 수 있었던 이유는 바로 글의 혜택 때문이다. 전대의 경험을 글로 남기고 후대가 읽는다. 그 경험이 계속 유지되고 전달되면서 더 발전된 결과물을 만들어 낸 것이다.

글이 없던 시절에 후손에게 전달되지 못한 지식과 경험은 사장될 수밖에 없었다. 글이 없으니 외우고 말로 전달해야만 했다. 즉 종이가 나오기 전에는 일부 사람에게만 지식과 경험이 전달되었다. 당연히 인류의 발전이 더딜 수밖에 없었다. 지식과 경험은 일부 사람들의 전유물이었다.

지금은 마음만 먹으면 어느 분야든 책으로 배울 수 있다. 물론 책으로 모든 것을 완벽하게 알 수는 없다. 그런 이유로 경험을 강조하는 사람도 있다. 그러나 책으로 모든 걸 배울 수 있고 실행할 수 있다.

책으로 배울 게 없다는 말은 책을 몇 권 읽지도 않고 하는 말이다. 자기 분야에 대해서만큼은 책으로 더 배울 게 없다고 말하는 사람이 있다면, 그 사람은 더 이상 발전이 없고 도태될 일만 남았다.

지금도 자기 분야에서 생각지도 못했던 내용이 책으로 나올 수 있다. 잘 아는 분야의 책을 읽다가 새로운 관점을 배우거나 큰 힌트를 얻을 수도 있다.

나는 많은 것을 책으로 배웠다. 책으로 배웠다고 하면 학문적인 분야만 생각하는 사람이 많다. 하지만 그렇지 않다. 수많은 분야를 책으로 배울 수 있다.

현재 관심을 가진 분야가 있는데 낯을 가리는 성격인가? 강의를 들을 시간도 없고 어떻게 해야 할지 모르겠는가? 먼저 관련 분야의 책한 권을 집어 들어 읽는 것부터 시작해 보라. 이제 당신은 새로운 세상을 보게 될 것이다. 남은 건 어제와 다른 나를 만나는 것이다.

책 읽기는
곧 공부다

내가 사람들에게 책 읽는 모습을 많이 보여 주고 책 읽는 사람으로 각인되다 보니, 내가 학창시절에 공부를 잘한 줄 아는 사람이 많다. 진실을 이야기하자면 나는 공부를 못했다. 정확하게는 늘 반에서 중간 정도였다.

내가 학교를 다닐 때는 한 반 정원이 60명 정도였다. 나는 키도 늘 중간이었고 성적도 늘 중간이었다. 그나마 국어와 영어는 조금 하는 편이었지만 수학은 문제를 풀지 않고 3번으로 전부 찍을 정도였다.

지금 돌아보면 공부에는 취미가 없었던 듯싶다. 학창 시절에는 중간고사나 기말고사 때 다들 밤을 새우며 공부한다. 보통 하루에 1~2과목 시험을 본다. 전날 벼락치기로 공부하면 암기과목은 어느 정도 외우고 점수를 받을 수 있다.

시험 기간에는 이런 식으로 생활했다. 시험을 치고 와서 조금 놀다가 밤새워 공부하겠다고 마음먹는다. 저녁을 일찍 먹고 '잠시 자고 일어나서 공부해야지.'라고 생각한다. 그리고 잠시 눈을 붙이면 다음 날 7시에 깨곤 했다. 그 바람에 부랴부랴 학교에 가서 대충 시험 범위를 훑어보고 시험을 친 적이 많다.

국어는 지문을 읽고 생각해서 답하면 되고, 영어는 단어를 열심히 외워서 점수를 받을 수 있었다. 하지만 전체적으로 보면 공부를 못한 편이었다. 그런데 신기하게도 내가 공부를 잘했을 것 같다고 한다. 또 모범생 스타일이었을 것 같다고 한다. 완전히 틀린 말은 아니다. 학창 시절에 무슨 문제를 일으킨 적은 한 번도 없었다.

나를 기억하는 선생님이나 친구들은 별로 없다. 나를 기억하지 못하는 사람이 더 많을 것이다. 있는 듯 없는 듯 조용히 학교에 다녔으니 말이다. 특별한 목적이나 목표도 없었다. 딱히 공부하겠다고 마음먹은 적도 없었다. 학교에서 수업을 듣고, 어쩔 수 없이 강제적으로 남아 자율학습을 하고, 집에 와서 텔레비전을 보고, 라디오를 들으면서 공부하다 잠을 자는 게 내 일상이었다.

다만 그 당시에도 또래 친구들에 비해서는 책을 좀 읽는 편에 속했다. 주위에 책 읽는 사람이 워낙 없었기 때문인지도 모르겠다.

"공부는 엉덩이로 한다."라는 표현이 있다. 요즘 청소년들은 잘 모르겠지만, 내가 학교를 다닐 때만 해도 공부 잘하는 친구들은 한결같은 몸매를 자랑했다. 오랫동안 의자에 앉아 공부하는 상황에 맞는 최적의 몸매로 변화한 것이다.

가장 불쌍한 사람은 몸매는 우등생인데 성적이 나오지 않는 친구였다. 죽어라 앉아서 공부해도 성적이 좋지 않은 학생들 말이다. 이런 친구는 공부하는 방법을 모르는 경우가 많다.

공부는 잡념을 없애고 진득하게 앉아서 하는 것이 맞지만, 효율적으로 공부해야 하는 것도 맞다. 우리가 학창 시절에 하는 공부나 사회에서 자격증을 따기 위해 하는 공부는 그 방법이 명확하게 정해져 있다. 시험 범위와 내용을 요령껏 공부해야만 한다. 그렇지 않고 처음부터 끝까지 무작정 달달 외우면 오히려 좋은 성적을 얻기 어렵다.

요즘은 공부하는 방법에 관한 책이 꽤 많다. 다들 자기의 공부 방법을 설명하고 알려 준다. 어떤 사람은 시중에 나와 있는 공부 방법에 관한 책들이 마음에 들지 않아 본인이 생각하는 공부 방법에 관해 직접 책을 쓰기도 했다. 공부 방법 책에 나온 방법대로 따라 해 보니 전혀 효과가 없다고 주장하면서 말이다. 지금도 많은 사람이 자기만의 공부 방법을 책으로 펴내고 있다.

책이 없던 시절에는 스승과 제자가 선문답식으로 질문과 답변을 주고받으며 공부했다. 여러 사람이 모여 각자 자신의 의견을 주장하고 상대방의 이야기를 경청한다. 나와 다른 이야기를 듣고 내 주장의 올바름을 논리적으로 풀어 설명한다. 이러한 공부 방법이 책을 읽는 것보다 더 많은 것을 얻을 수 있음은 부정할 수 없다.

스승에게 직접 사사(師事)받는 것만큼 효율적이고 훌륭한 공부 방법은 없다. 한편 책으로 공부하는 방법만큼 편하고 쉬운 방법도 없다. 물론 스승에게 직접 배우는 것에는 미치지 못한다. 내가 부족한 점이 무엇인지 파악하고 올바른 길로 나아가도록 이끌어 주는 사람이 없기 때문이다.

책으로 공부하는 것은 결국 자신과의 싸움이다. 궁금한 점이 있어도 바로 답을 구할 수 없다. 현재 내 상황이나 문제에 대한 해결책을 책에서 찾는 수밖에 없다. 내 수준이 어느 정도인지 알 수도 없다. 그저 미련하게 책을 읽고 또 읽으면서 조금씩 전진하는 수밖에 없다.

최근에는 인터넷 동영상 강의가 많다. 내가 원하는 분야의 지식을 쌓기 위해서 동영상 강의를 보기도 한다. 그러나 여전히 책은 필요하다. 책 읽기는 능동적인 행위이기 때문이다. 활자를 읽고 머릿속으로 정리하는 절차를 거치므로 오랫동안 기억에 남는다.

책을 읽으면서 중요한 부분을 구석에 적거나 노트에 따로 필기하는 방법은 효과가 좋다. 이렇게 하면 좀 더 오래도록 기억에 남는다. 나중에 그 부분만 따로 읽어도 어느 정도 기억이 되살아난다. 나는 이렇게 하지 않지만 많은 사람이 이 방법을 추천한다. 이 방법으로 큰 효과를 보았다는 사람이 많으니 이미 검증된 방법이라 할 수 있다.

나는 기억에 오래 남기기 위해 리뷰 쓰기를 선택했다. 그때그때 중요한 내용을 여백에 적는 것만큼 효과가 있지는 않겠지만, 나름대로 도움이 되는 방법이라고 생각한다. 왜냐하면 리뷰를 쓰기 위해서는 책의 내용을 계속해서 곱씹어 봐야 하기 때문이다.

지금 이 순간에도 지식을 알려 주기 위해, 생각을 들려주기 위해, 상상을 보여 주기 위해, 깨달음을 전하기 위해 수많은 책이 출판되고 있다. 우리가 모르는 분야를 앞서간 사람들의 지식과 경험이 우리 앞에 펼쳐져 있다. 저자를 직접 만나 배우는 게 가장 좋지만 현실적으로 불가능하다. 책은 그들을 간접적으로 만날 수 있는 가장 좋은 방법이다.

물론 책은 배우는 속도가 더디다. 제대로 이해한 것인지 불안하다. 현재 내 수준을 몰라 답답할 때도 있다. 읽으면서 궁금하고 막히는 것이 있어도 바로 답을 구하지 못한다. 모르면 모르는 대로 계속 책을 읽어나가야 하는 단점도 있다. 그래도 책에서 얻는 게 많다.

책으로 배운 것은 누군가에게 체계적으로 배운 게 아니다. 기초나 기본이 약하다는 생각이 들기도 한다. 그런데 오히려 이런 생각 때문에 더 공부하고 책을 읽는다. 부족함을 알고 있으니 계속해서 책을 읽으며 채우려고 노력하게 된다. 시간이 지나면 잊어버리니 되새기기 위해서라도 계속 책을 읽을 수밖에 없다.

"평생 공부"라는 말처럼 우리는 평생 공부해야 한다. 그런데 대부분 입신양명이나 밥벌이를 위해 공부를 한다. 이 때문에 오히려 책을 읽지 않는다. 입신양명을 해서 안 읽기도 하고, 공부로 입신양명이 어렵다는 걸 깨닫고 읽지 않기도 한다.

하지만 입신양명을 하지 못하더라도 책을 끊임없이 읽고 또 읽으면, 어느 순간 사회에서 말하는 입신양명과는 다른 의미의 입신양명을 한 자신을 발견하게 될 것이다.

사람들이 책을 읽지 않는 이유는 무엇일까? 어쩌면 궁금한 점이 없어서 또는 호기심이 없어서 그런지도 모른다. 심지어 "공부할 필요도 없고, 공부해도 도움이 되지 않는데, 무엇 때문에 책을 읽겠습니까?"라고 말하는 사람도 있다.

정말 그럴까? 책을 많이 읽은 사람 중에도 나쁜 놈은 있지만, 최소한 책을 읽는다는 건 공부한다는 의미다. 책을 많이 읽는 사람은 사회적으로 사람들이 존중하고 좋게 생각하는 면이 있다.

나는 매일 책을 읽는다. 돈 버는 것과 상관없는 책도 많이 읽는다. 책을 읽으면 세상을 보는 시각에 도움을 준다. 또 내가 지금까지 알지 못했던 사실이나 진실도 알려 준다.

이런 것들이 쌓이고 쌓이면, 우리가 치열하게 공부해서 좋은 성적을 거둬야 하는 시험과는 다르지만, 내가 사는 사회에서 고득점을 얻는 게 아닐까?

호기심을 해결하기 위해
책을 읽은 **에디슨**

"천재는 99%의 노력과 1%의 영감으로 만들어진다."

발명왕 에디슨이 한 말이다. 그는 호기심이 너무 넘쳐서 다른 생각을 하느라 수업에 집중하지 못했다. 에디슨은 선생님에게 지능이 모자란다는 이야기를 듣고 학교를 그만두었다.

그의 어머니는 이런 에디슨이 집에서 책을 많이 읽도록 이끌었다. 그의 호기심은 단순히 호기심으로 끝나지 않고 실험으로 이어졌다. 《자연 철학의 연구》라는 책을 통해 집에서 할 수 있는 실험을 직접 해 보면서 발명가로서 첫발을 내디뎠다.

그는 집안 형편이 어려워 기차에서 신문을 팔아 돈을 벌었다. 남는 시간에는 근처 도서관에 가서 책을 읽었다. 흔히 사람들은 에디슨이 단순히 호기심이 많고 상상력이 풍부하였고, 연구와 실험으로 훌륭한 발명가가 되었다고 생각한다.

　그러나 그가 발명왕이 될 수 있었던 일등공신은 다름
아닌 책이었다. 에디슨은 생활전선에 뛰어들어 돈을 벌던
시절에도 시간을 내서 도서관에 갔다. 도서관의 모든 책
을 다 읽을 정도였다.

　전신 기사로 일하며 발명을 병행했던 에디슨은 마이클
패러데이가 쓴《전기의 실험적 연구》라는 책을 읽고 감동
받아 발명에만 집중하기로 한다. 만약 그가 이 책을 읽지
않았다면 그저 그런 발명가로 남아 사람들에게 알려지지
않았을지도 모를 일이다.

　발명가로서 빛나는 업적에 가려져 에디슨이 읽은 엄청
난 양의 책은 잘 알려지지 않았다. 끊임없는 호기심을 해
결하는 데 도움을 주고, 발명가로 성공할 수 있도록 결정
적인 역할을 한 것은 바로 책이었다.

책은 지식을 확장하는
최고의 도구

긴 인류 역사에서 문명의 발달 속도는 매우 느렸다. 그런데 최근 200년 동안 폭발적인 발전을 이룩했다. 이유는 여러 가지가 있다. 그중 하나는 책이다. 15세기 구텐베르크에 의해 인쇄술이 본격적으로 발달했지만 많은 책이 쏟아져 나올 수는 없었다. 그 당시에는 지금처럼 종이로 만든 책을 많이 찍어 낼 여건이 되지 않았기 때문이다. 보다 많은 사람이 책을 접할 수는 있었지만 넘쳐날 정도는 아니었다.

문명의 발달은 18세기 중엽 산업혁명으로 촉발되었다. 이것을 가능하게 한 결정적인 원인도 책이다. 책이 없으면 입에서 입으로 지식을 전해야 하기 때문이다. 구두로는 지식을 다음 세대에 제대로 전하기 어렵다. 전달 과정에서 전달자가 잘못된 지식을 전할 수 있기 때문이다.

또 몇몇 사람에게만 지식이 전달되는 과정에서 본래의 뜻과는 전혀 상관없는 뜻으로 변할 가능성도 크다. 그래서 좋은 지식이 널리 전파되지 못하고 유실되는 경우가 많았다.

몇천 년 전 소크라테스나 플라톤이 말한 내용이 지금까지 내려올 수 있었던 이유는 그들의 말을 토씨 하나 틀리지 않고 외워서 다음 사람에게 그대로 외우게 하여 전달했기 때문이다.

이런 이유로 지식이 널리 퍼지지 못하고 일부 계층이 독점할 수밖에 없었다. 이들은 고대부터 내려오는 지식을 통해 간접적으로 지식과 경험을 습득하고 체험할 수 있었다. 따라서 배우지 못한 자보다 훨씬 유리한 입장에서 세상을 바라보고 결정을 내릴 수 있었다.

그러나 한 인간이 경험할 수 있는 건 한계가 있다. 모든 것을 직접 경험할 수는 없다. 한 사람이 가질 수 있는 지식과 지혜는 경험한 범위를 벗어날 수 없다.

예를 들어 양반 가문의 하인으로 태어났다면 그가 경험할 수 있는 범위는 뻔하다. 하인이 아무리 똑똑해도 책으로 간접 경험을 한 양반 자제를 이길 수 없다. 경험 많은 하인이 양반의 어린 자제를 따라다니는 이유는 양반 자제가 책에서 배울 수 없는 직접적인 체험을 보완하기 위해서다.

지식이 일부 계층에게만 전달되어 좋은 점도 있었겠지만, 한편으로는 그들도 지식을 확장하기가 쉽지 않았을 것이다. 그 당시에는 새로운 지식이 적기도 하고, 기존 지식만으로도 세상에서 벌어지는 일들에 대해 얼마든지 대처할 수 있었기 때문이다. 굳이 새로운 지식을 습득하려고 노력하지 않아도 문제될 게 없었다. 이미 알고 있는 지식을 활용하여 충분히 뛰어난 존재가 될 수 있었다.

현대인보다 옛사람이 더 현명하고 지혜롭다고 하는 이유는 왜일까? 특정 지식을 반복해서 외우고 깊게 생각하니, 특정 부분에서 생각에 생각을 거듭한 끝에 나온 지혜를 지녔기 때문이다. 하지만 지식이라는 측면에서 보자면 그렇지 않다. 현대인들이 여러 면에서 훨씬 더 많은 지식을 축적하고 있고 전체적인 면에서 월등히 앞서 있다.

예를 들어 현재 지구에서 가장 현명한 사람이 소크라테스나 공자를 만나 대화한다고 하자. 현대의 현명한 사람은 소크라테스나 공자가 하는 이야기를 알아듣지만 소크라테스나 공자는 그의 이야기를 알아듣지 못할 것이다. 소크라테스나 공자 시대에는 볼거리도 정말 적었고, 지식도 단순하고 한계가 있기 때문이다.

그런데도 여전히 소크라테스나 공자의 이야기는 많은 울림을 준다. 보편타당한 인간의 본성을 이야기하기 때문이다. 인간이 느끼는 감정이나 인간이 가진 문제는 예나 지금이나 별로 달라지지 않았다. 이 부분에 관해서 소크라테스나 공자가 이미 많은 이야기를 했다. 그래서 그 말들이 지금도 인용되는 것이다.

과거와는 비교할 수도 없는 다양한 인간이 존재하는 지금 시대에는 백인백색의 이야기가 나올 수밖에 없다. 옛사람의 이야기에 끼워 맞춰 사람의 마음과 행동을 규정하는 것은 옳지 않다. 현재는 인지심리학, 행동심리학처럼 과거에는 존재하지 않았던 지식이 발전했다. 많은 사람에게 새로운 지식이 전파되고 있다.

과거에는 기득권을 유지하기 위해 비밀리에 지식이 전달되었지만, 이제는 누구나 지식을 열람하고 쉽게 배울 수 있다. 과거에는 가진 자들만의 언어가 존재했지만 지금은 가진 자들만 쓰는 언어는 없다. 단지 쉽게 접근하지 못하게 하려고 읽기 어렵게 글을 쓴다는 차이가 있을 뿐이다.

지금은 누구나 쉽게 지식을 얻을 수 있다. 뛰어난 스승에게 배울 수 없는 시대도 아니고, 책을 읽을 수 없는 시대도 아니다. 마음만 먹으면 얼마든지 지식을 얻고 확장할 수 있는 시대에 살고 있다.

어려운 고전을 읽으면서 지식을 얻을 필요도 없다. 우리와 동시대에 사는 사람이 쓴 책으로도 얼마든지 지식을 얻을 수 있다. 지금도 매일 다양한 지식이 쏟아져 나오고 있다. 우리는 책을 통해 다른 시각과 관점을 만난다.

지식은 책이 아닌 다른 것으로도 배우고 확장할 수 있지만, 책만 한 것은 없다고 해도 과언이 아니다. 한 개인이 얻을 수 있는 지식의 한계는 존재하지만, 개인이 모여 서로 지식의 한계를 보완하며 세상은 발전하고 있다.

"쓰레기 같은 책"이라는 말이 있다. 그런데 사실 쓰레기 같은 책은 없다. 쓰레기 같은 책에서도 새로운 정보를 얻을 수 있고, 알지 못했던 사실을 배울 수 있다. 그러므로 쓰레기 같은 책은 없고 현재 내 상황에 맞지 않는 책이 있다고 하는 것이 맞다.

10자리 숫자의 덧셈과 뺄셈을 할 줄 아는 사람이 2자리 숫자의 덧셈, 뺄셈 책을 읽으면 어떨까? 수준이 너무 낮아 쓰레기 같다고 느낄 수 있다. 그러나 2자리 이하 숫자를 겨우 이해하는 사람들에게는 쓰레기 같은 책이 아닐 것이다.

지식의 확장을 원하는 사람은 책을 읽으면 된다. 다양한 책을 읽는 것만으로도 지식은 날로 확장되고 성장한다. 시간이 지나면 훌쩍 큰 자신을 발견하게 될 것이다.

읽어야 할 책
읽고 싶은 책

지금은 만화방이 거의 사라졌지만 예전에는 제법 많았다. 특히 90년대에 상당히 성행했는데 영화의 배경으로도 많이 쓰였다. 만화방이 생기기 전에는 소규모로 만화책을 놓고 장사하던 곳에 한 달에 한 번씩 만화를 보러 갔다. 몇백 원을 들고 가면 만화를 볼 수 있었다.

재미있는 만화가 있으면 다음 권이 읽고 싶어진다. 날다시피 집으로 달려갔다. 구석구석을 뒤져 나온 잔돈을 들고 다시 만화방으로 달려가곤 했다. 그런 책 중의 하나가 《공포의 외인구단》이었다.

집에 있는 책은 읽어야 할 책으로 부모님이 사 준 것이고, 만화방에서 본 책은 자발적으로 읽고 싶어 읽은 책이다. 이렇듯 읽으라고 해서 읽는 책과 읽지 말라고 해도 읽는 책이 있다. 우리는 읽어야 할 책과 읽고 싶은 책을 알게 모르게 구별해서 읽는다.

우리나라 사람은 책을 잘 읽지 않는 것으로 유명하다. 한 가구당 한 달에 한 권 정도를 산다고 한다. 여기서 교과서나 참고서를 빼면 사실상한 달에 한 권조차 사지 않는 집도 많다고 봐야 한다.

몇 권을 읽어야 책을 많이 읽는 것인지 정확한 기준은 없다. 그렇지만 적어도 한 달에 몇 권 정도는 읽어야 책을 읽는다고 할 수 있다. 그런데 현실은 어떤가? 여기저기서 읽고 싶은 책이 아니라 읽어야 할 책을 권유하거나 강요한다. 그래서 책 읽기가 부담으로 다가온다.

우리가 무언가를 배우려고 할 때 선택할 수 있는 방법 중 하나는 책이다. 이런 책은 읽어야 할 책에 속한다. 읽어야 할 책은 도움이 되지만 재미가 없다. 몸에 좋은 약이 쓰듯이 읽어야 할 책들도 그런 경향이 있다. 대표적으로 전공 서적이 그렇다. 전공 서적은 읽고 싶어서 읽는 게 아니다. 읽어야 하니 읽는다.

아이에게 위인전은 읽고 싶은 책은 아니다. 부모는 교육적 효과 때문에 위인전을 읽으라고 강조한다. 부동산 중개사 자격증을 따기 위해 읽는 책도 읽고 싶은 책이 아니다. 시험을 보기 위해 읽어야 하는 책이다.

반면 만화책은 다르다. 읽기 싫은데 어쩔 수 없이 읽는 사람은 없다. 무협지를 남에게 보여 줄 목적으로 읽는 사람도 없다. 판타지 소설이나 로맨스 소설을 권유하는 사람은 드물지만 스스로 찾아서 읽는 사람은 많다. 이런 책은 시간 가는 줄 모르고 푹 빠져서 읽는다. 읽고 싶은 책은 남들과 상관없이 내가 재미있게 읽으면 그만이다.

읽어야 할 책으로 시작했든 읽고 싶은 책으로 시작했든 상관없다. 책을 어느 정도 읽으면 그때부터는 읽고 싶은 책과 읽어야 할 책의 구분이 사라진다. 그리고 어느 순간부터 읽어야 할 책이 읽고 싶은 책으로 바뀌는 때도 온다. 일단 읽고 싶은 책으로 시작해야 재미를 느끼고 계속 책을 읽어 나갈 수 있다. 재미도 없는데 읽으라고 강요하면 반발심이 생겨 오히려 읽지 않는다.

세계 문학 전집 같은 책은 누군가에게는 재미있고 누군가에게는 재미없다. 책을 잘 읽지 않는 사람에게 이런 책을 읽으라고 권유하는 건 책을 읽지 말라고 하는 것과 같다. 독서가 익숙해진 후에 이런 책을 권해야 한다. 그때는 이런 책도 읽고 싶은 책으로 변할 것이다.

다시 말해, 읽고 싶은 책도 안 읽는 사람에게 읽어야 할 책을 추천하면 안 된다. 먹기 싫은 약을 억지로 입에 집어넣는 것과 같다. 결국 약에 대한 트라우마가 생기는 결과만 초래한다.

살기 위해 먹기 싫은 약을 먹을 수는 있다. 하지만 책은 솔직히 그 정도까지 꼭 필요하지 않다. 물론 책을 좋아하고 필요해서 읽는 사람들에게는 말도 안 되는 소리일 수도 있지만 말이다.

내가 하고 싶은 이야기는, 읽고 싶은 책부터 읽으면서 책과 친밀감을 높이면 서서히 관심의 영역이 확장된다는 것이다. 물론 읽는 책 대부분이 무협지나 판타지 소설인 사람도 있다. 그러면 어떤가? 책을 읽지 않는 사람보다 그렇게라도 책을 읽는 사람이 낫다. 글자를 읽고 생각하는 능력이 발전하기 때문에 언제라도 다양한 책을 읽을 수 있다.

우리가 얻고자 하는 것이 꼭 거창하고 위대한 작품에만 있는 건 아니다. 대중 소설, 무협지, 판타지 소설 등 어떤 책에서든 얻고자 하는 걸 얻을 수 있다. 꼭 어려운 책에서만 무언가를 얻을 수 있다는 편견은 버려라. 지식 수준에 따라 필요한 책은 달라지기 때문이다.

단 한 권의 책만 읽은 사람을 경계하라.

- 디즈레일리 -

책을 삶의 나침반으로
삼았던 **마오쩌둥**

중화인민공화국을 수립한 마오쩌둥이 1만 5,000km 의 험난한 대장정을 완주할 수 있도록 정신적 지주가 되어준 책이 있다. 그 책은 장제스와 투쟁할 때 용기를 얻게 해 주기도 했다. 바로 《사기》다.

마오쩌둥은 평생 손에서 책을 놓지 않은 독서광으로 유명하다. 마오쩌둥은 이렇게 말했다.

"밥은 하루 먹지 않아도 괜찮고, 잠은 하루 안 자도 되지만, 책은 단 하루도 읽지 않으면 안 된다."

이 말은 그의 삶에서 책이 어떤 위치였는지 보여 준다. 그는 책을 읽는 것에 만족하지 않았다. 철저히 삶에 적용하고 나아갈 방향을 세우는 나침반으로 삼았다.

그의 독서법은 두 가지로 요약할 수 있다.

하나는 세 번 반복해 읽고 네 번 익히는 '삼복사온(三

復四溫)'이다. 또 하나는 많이 읽고 많이 쓰고 많이 생각하고 많이 묻는 '사다(四多)'다.

마오쩌둥은 독서할 때 책에 온갖 표시를 하고 여백에는 짤막한 평을 가득 채웠다. 이렇게 내용을 곱씹고 자신의 삶에 활용했다.

그는 지리멸렬한 8만여 명의 홍군을 이끌고 20개월의 대장정을 통해 장제스(將介石)를 격파하고 중국을 석권했다. 이 과정에서 그는 《손자병법》의 전략을 현실에 적용하여 승리를 거두었다.

책은 마오쩌둥에게 있어 지식이 아니라 지혜의 보고였다. 이처럼 책이 우리 인생의 나침반 역할을 할 때 그 가치는 가장 빛난다.

인문학을 공부하지 말고
인문을 읽어야죠

처음 '인문학'이라는 단어를 들었을 때 나는 철학, 수학, 경제학, 문학처럼 따로 분야가 있는 줄 알았다. 서점이나 도서관에서 인문학이라는 분야를 열심히 찾아보았는데, 아무리 찾아도 인문학 분야가 나오지 않아 의아하게 생각했다.

인문학은 꽤 유명한데, 왜 인문학이라는 분야가 없는지 이해할 수 없었다. 철학이나 문학은 분야별로 책을 모아 놓는데 말이다. 아무리 찾아도 없었다. 내가 알지 못하는 무엇이 있거나 세세하게 찾아보지 않아 그런 게 아닐까 생각했었다.

인문학에 대해 딱히 정의를 찾아보거나 알아보지는 않았으나, 그래도 서점이나 도서관에 갈 때마다 인문학 분야를 찾아보고는 했다. 아무리 찾아도 나오지 않아 '인문학은 철학을 다른 이름으로 표현한 것인가 보다.'라고 생각했다. 인문학은 어렵고 딱딱하고 재미없는 것이라는 편견을 지니게 되었다.

그런데 어느 순간 인문학은 꼭 철학을 의미하지 않는다는 사실을 알게 되었다. 심지어 소설도 인문학이라는 말을 들었다. 혼란스러웠다. 도대체 무엇을 인문학이라고 하는지 궁금해졌다. 너무 궁금해서 여기저기 찾아보았다. 결국 인문학은 사람 인(人)자에 글월 문(文)자에 배울 학(學)자를 합쳐 놓았다는 것을 깨달았다.

인문학은 뭔가 대단한 것이라는 생각이 잘못된 것이었다. 쉽게 말하면 사람에 관해 배우는 것이 인문학이다. 또 글로 쓰여 있는 것만을 말하는 것도 아니다. 인문학은 인간에 대해 배우는 것이다. 이 세상 모든 것은 전부 인문학의 범주에 들어간다고 고쳐 생각했다. 세상에서 벌어지는 일은 인간과 관계되지 않은 것이 없으니 말이다.

인문학은 인간의 생각과 행동을 포함해 인간에 집중하는 분야라고 생각하면 된다. 철학뿐만 아니라 소설이나 역사를 비롯한 다수 분야가 인문학 범주에 포함된다. 사실 철학을 인문학이라고 알고 있을 때 인문학은 가까이하기 힘든 분야라고 생각했다. 그런데 그때도 나는 소설을 읽고 있었으니 인문학을 가까이 접하고 있었던 것이다. 다만 이를 몰랐던 것뿐이다. 이처럼 인문학은 언제나 우리 곁에 함께하고 있다.

요즘 인문학 열풍이 거세게 불고 있다. 우리나라에서 인문학 열풍이 부는 데 스티브 잡스가 큰 영향을 미쳤다. 스티브 잡스는 소크라테스와 이야기할 수 있다면 자신의 전 재산을 줘도 좋다고 말했다. 아이폰의 빼어난 디자인과 인간 친화적인 콘셉트는 인간에 대한 탐구에서 나왔고, 그것은 인문학에서 출발했다고 한다.

이런 이유로 우리나라 기업의 CEO와 사회 지도층이 인문학에 엄청난 관심을 가지게 되었다. 사회에 급속도로 퍼지며 인문학과 관련된 다양한 책이 출판되고 너도나도 읽게 되었다. 이런 현상은 분명히 긍정적이다. 이렇게라도 사람들이 책을 읽는다면 좋은 현상이다.

이제는 많은 사람들이 인문학에 관심을 가진다. 서로 인문에 대해 이야기를 나눌 정도로 인문학책을 읽는 사람이 많이 늘어났다. 관련 책도 우후죽순처럼 쏟아져 나온다. 인문학 강의도 엄청나게 많아졌다. 아쉬운 점도 있다. 많은 인문학 강좌가 CEO를 대상으로 한 고액 강의이기 때문이다. 그러나 점차 일반인을 상대로 한 강의도 늘어나고 있다.

인문학을 공부하는 것은 바람직하다. 그런데 인문학에 대해 공부하지만 정작 인문책은 읽지 않는다. 인문학 강좌의 커리큘럼은 꽤 많은 인문 분야를 다룬다. 철학자를 다루고, 역사를 배우고, 유명한 고전 소설을 다루고, 유명한 미술작품에 대해 배운다. 심지어 고액 강좌에서는 현장을 직접 탐방하기도 한다.

내가 인문학에 대해 깊은 식견은 없지만 좀 이상하다는 생각이 든다. 요즘 '이렇게 인문학을 읽어라' 내지 '인문학 이렇게 시작하라'라는 식의 책이 인기가 높다. 그런데 정작 사람들은 그런 책에서 소개한 인물이 쓴 책은 읽지 않는다.

예를 들어 '고전으로부터 배우는 경영'과 같은 책에서 《죄와 벌》이나 《몽테크리스토 백작》에 대해 설명한다. 우리가 배워야 할 점과 적용해야 할 점을 알려주고 본문의 일부를 인용해서 보여 준다. 그러나 정작 그 책은 읽지 않는다.

이렇게 하면 그 책을 읽은 것도 아니고 제대로 배운 것도 아니다. 대부분의 인문학 강의나 공부가 이런 식으로 이루어지고 있다. 이런 식의 강의는 어디까지나 그런 책이나 인물에게 인도하는 역할을 할 뿐이다. 다시 말해 물가에 데려가 줄 뿐이다. 물을 직접 떠먹는 것은 오로지 본인 몫이다.

그런 책이나 강의에서 보고 듣고 배우는 것은 어디까지나 저자의 의견이고 강사의 의견일 뿐이다. 원서의 저자가 말하는 본래의 의도와 뜻이 아닐 수도 있다. 직접 책을 읽고 되새겨 보면, 강사가 이야기한 것이나 관련된 책의 저자의 생각과는 완전히 다르다고 느낄 수 있다. 인문학 공부는 주입식 교육이 아니다. 모든 사람이 똑같이 생각하고 똑같은 방향으로 가면 그것이 오히려 더 큰 문제다.

인문을 배우는 가장 큰 의의는 무엇일까? 자신만의 시각으로 세상을 바라보고 생각하는 틀을 갖추는 데 있다. 예를 들어 우리는 역사에서 많은 것을 배운다. 누군가는 전쟁의 승리에서 배우고, 누군가는 전쟁의 과정에서 배우고, 누군가는 전쟁의 소용돌이에서 고생하는 민초에게서 배운다. 이처럼 각자 직접 읽으면서 느끼는 게 바로 인문을 공부하는 진짜 이유가 아니겠는가?

샤르트르의 《문학이란 무엇인가》라는 책에 이런 이야기가 나온다. 어떤 사람이 전쟁에서 승리하는 방법을 배우고 싶어 장군을 쫓아다녔다. 장군은 그에게 역사에서 배우라고 했다. 그러자 그 사람은 역사에서 무엇을 배우겠느냐, 전쟁에 직접 참여해야만 배울 수 있지 않겠냐고 대답했다. 장군은 그렇다면 전쟁에 60번 참여한 저 개에게 가서 배우라고 말했다.

어쩌면 지금 우리 모습이 이럴지도 모른다. 인문을 배우면서 남들과 다른 나를 찾으려고 하지 않는다. 깊게 생각하지도 않는다. 마치 주입식 교육처럼 남들과의 경쟁에서 이기기 위해 배우는 듯하다. 우리가 인문에서 배울 수 있는 건 그런 게 아님에도 말이다.

경쟁에서 이기려는 목적으로 인문을 공부하거나, 인문 강의를 듣거나, 책을 읽는 사람은 무엇을 배울까? 한 작품이나 한 사건에 대해서 오로지 저자나 강사의 이야기와 관점만 듣고 배운다. 이런 식으로 과연 차별화된 자신을 만들 수 있을까? 같은 책을 읽고 같은 강의를 들으면 결국 모두 생각이 같아질 뿐이다.

모든 사람이 같은 생각과 관점으로 바라보고 토론하면 결국 비슷한 결론만 나오지 않겠는가? 여러 의견과 생각들이 부딪치면서 정반합(正反合)을 이루어야 새로운 것도 나올 수 있다.

실제로 인문학책이 인문책보다 더 재미있고 흥미로운 건 사실이다. 하나씩 하나씩 알려 주고 떠먹여 주니 쉽고 편하다. 그러나 인문책은 직접 느끼고 깨달아야 한다. 이렇게 하려면 시간과 노력이 많이 든다. 시간이 걸리더라도 이런 과정이 쌓이면 결과는 크게 달라진다.

인문학 열풍 속에서 과연 현재의 방향이 맞는 것일까? 인문을 공부하는 사람이 고민하고 생각해 봐야 할 문제다.

책 읽는 사람이
교양 있는 것은 아니다

소위 '지식인'이라는 말 속에는 책을 많이 읽는 사람이라는 뜻이 내포되어 있다. 흔히 책을 많이 읽는 사람은 교양이 넘치고, 예의범절도 잘 지키고, 공중도덕도 잘 지킬 것이라고 생각한다. 그러나 이는 그야말로 엄청난 착각이다.

책을 읽는 행위는 지식에 대한 호기심과 굶주림을 해결한다는 의미가 있다. 그런데 이것은 어디까지나 앎의 문제이지 실천의 문제가 아니다. 물론 책을 많이 읽는 사람 중에 개망나니는 상대적으로 드물다. 책 읽기는 자신에 대해 탐구하는 행위이기 때문이다. 책을 많이 읽는 사람은 잘난 체하는 면은 있을지라도 대체로 예의범절을 잘 지키는 편이다.

도대체 책을 읽고 무엇을 배우고 실천하는지 모르겠다는 사람도 간혹 있다. 독서는 단지 지적 만족을 충족하기 위한 것은 아니다. 결국에는 실천의 문제와 연결된다. 책만 읽는다고 비난하는 사람들에게 먼저 묻고 싶다. 그럴 만큼 책을 읽고 실천해 보았는지 말이다. 아마도 책을 읽지 않는 것에 대한 자괴감 때문이 아닌가 싶다.

아무리 책을 많이 읽어도 소용없고, 오로지 현장에 답이 있다고 말하는 사람도 있다. 이들은 현장에서 모든 것을 배웠기 때문에 책을 읽을 필요가 없다고 말한다. 한마디로 경험이 최고라는 것이다. 사업의 창업자들이 이런 생각을 많이 한다. 본인이 경험한 것이 최고여서 다른 사람의 이야기는 들을 필요가 없다는 식이다.

물론 경험만으로 모든 것을 이룩했으니 그 부분에 대해 할 말은 없다. 그러나 지금도 처음부터 똑같이 할 수 있을까? 그건 쉽지 않을 것이다. 그때와는 많은 것이 달라졌기 때문이다. 변화된 환경에 대해 새롭게 배우지 않는다면 다시 성공할 수 없을지도 모른다. 경험만으로 성공을 이루는 것은 분명히 한계가 있다. 이런 때 책이 도움이 된다.

우리 사회는 책 읽는 사람에게 우호적이다. 자신이 책을 많이 읽지 못했다면 책을 많이 읽는 사람에게 부러움을 표시한다. 책을 많이 읽는다는 의미가 사회적으로 도덕적으로 더 우수하고 뛰어난 존재라는 의미는 아니더라도 말이다.

이 때문에 때로 책을 많이 읽고 교만의 싹을 키우기도 한다. 책에는 온갖 세계가 존재한다. 우리가 경험하지 못한 다양한 세상이 존재한다. 우리가 책을 통해 이를 간접적으로 경험한다고 해서 남들보다 우월한 존재는 아니다.

책 좀 읽었다는 사람 중에 교만한 사람이 제법 있다. 자신의 존재를 위에 놓고, 책을 많이 읽지 않은 사람을 아래로 내려다 본다. 이는 책을 제대로 읽지 않고 깊게 탐구하지 않은 결과라 생각한다.

어설프게 배우고 익히면 지식은 곧 독이 된다. 많은 것을 알고 있다는 착각을 불러 일으킨다. 오히려 책을 정말 많이 읽고 지식이 많은 사람은 겸손해질 수밖에 없다. 아무리 똑똑하고 많이 알아도 무한한 책의 세계 앞에서 감히 많이 안다고 자신할 수 없기 때문이다.

자신이 아는 지식은 극히 일부에 지나지 않는다는 사실을 깨닫지 못한다면, 혼자 잘난 맛에 살아갈 수밖에 없다. 책을 많이 읽으면 다른 사람의 입장에서 생각하는 법을 알게 된다. 무한한 지식의 세계에서 자신이 얼마나 작은 존재인지 알기에 남을 배려하고 겸손하게 된다.

가끔 서점에 가면 이해할 수 없는 사람을 본다. 그래도 서점에 와서 책을 고르는 사람이라면 교양 있는 사람이라 할 수 있다. 바쁜 시간을 쪼개 서점에 들러 책을 찾는 데 시간을 투자하는 것이 그 증거다.

그런데 어떤 사람은 교양과 전혀 동떨어진 행동을 한다. 자기가 찾은 책을 보기 위해서 가방이나 짐을 다른 책 위에 버젓이 올려놓는다. 다른 사람들도 책을 찾는 것을 모르는 걸까? 게다가 들고 있는 책이 무거운지 다른 책 위에 떡하니 펼쳐놓고 읽는다.

우리가 책을 많이 읽어야 하는 이유는 뭘까? 좋은 말씀을 많이 읽어 인격을 닦고, 바르게 살기 위한 기준을 세우기 위해서다. 그렇지 않다면 이렇게 많은 책을 읽을 필요는 없다. 기껏해야 먹고사는 문제를 해결하기 위한 책 정도만 읽어도 될 것이다.

머릿속에 지식을 쌓아 두고 실천하지 않는다면 죽은 지식이다. 또한 인격이 바르지 않다면, 아무리 많은 책을 읽고 지식을 쌓아도 남들에게 인정받지 못할 것이다.

읽고 배우기

많은 사람들이 자신의 상황을 한탄한다. 지금보다 더 잘 살고 싶다고 이야기한다. 하지만 안타깝게도 상황을 개선하기 위한 방법이 바로 눈앞에 있는데 그걸 모른다. 시간과 장소의 구애도 받지 않고 할 수 있는 가장 쉬운 방법인데도 말이다.

눈치챘겠지만 그건 바로 독서다. 독서는 누가 뭐래도 자신의 상황을 이겨내고 바꿀 수 있는 최고의 방법이다. 이보다 좋은 건 없다. 책을 읽은 사람이 반드시 성공하는 건 아니지만, 성공한 사람 대부분이 책을 많이 읽었다는 건 사실이다.

신세 한탄할 시간에 책을 읽어라. 분명히 어제보다 더 발전한 내가 된다. 책은 배우기 가장 좋은 도구다. 물론 무언가를 배우는 방법은 많다. 최근에는 강의가 많이 열린다. 과거와 다르게 지적 재산에 대한 개념도 달라졌다. 예전에는 돈을 내고 강의를 듣는 것에 대한 거부감이 있었는데, 요즘은 그렇지 않다. 강사 자신만의 경험과 지식을 알려주면 기꺼이 돈을 낸다. 문제는 돈이 부담스럽다는 것이다.

이럴 때 책보다 좋은 건 없다. 책 한 권은 기껏해야 만 원대이다. 이것도 부담된다면 도서관에서 빌리면 된다. 나도 처음에는 도서관에서 빌려 읽었다. 상대적으로 책을 많이 읽는 편이라 두세 군데 도서관을 돌아다니며 빌려 읽었다.

어느 날 한 도서관에 가서 보니 지금까지 대여한 책만 1,000권이 넘었다. 이처럼 무료로 책을 볼 기회가 있는데도 안 보는 건 말도 안된다. 도서관은 나에게 언제나 좋은 친구였다. 마음만 먹으면 얼마든지 책을 빌려 읽을 수 있다. 요즘은 상호대차도 가능하다. 해당 도서관에 없는 책은 다른 도서관에서 가져다준다. 이 얼마나 좋은가?

최근에는 저자나 출판사가 나에게 책을 보내주는 일이 많다. 자연스럽게 도서관 이용이 줄어들었다. 여전히 나는 한 달에 10권이 넘는 책을 읽으며 배우고 있다. 배움에 멈춤은 있을 수 없다.

책만큼 나에게 배움을 선사하는 도구는 없었다. 책에는 저자가 전달하고 싶은 모든 것이 담겨 있다. 책 한 권을 펴내기 위해서 얼마나 많이 노력하고 심혈을 기울여야 하는지 나도 잘 안다. 그렇다 보니 책 한 권에 담긴 작은 내용도 허투루 볼 수 없다. 아무리 생각해도 책보다 더 쉽게 배울 수 있는 건 없다.

《책으로 변한 내 인생》이 출간된 지 6년이 지났다. 그 후로도 여전히 독서를 게을리하지 않고 있다. 아니, 게을리하기 힘들다. 1년에 나오는 책이 무려 수만 종이다. 읽고 배워야 할 것이 끝이 없다.

특히 요즘은 세상이 변하는 속도가 빠르다. 현재 1년의 변화는 과거 10년 치 변화를 넘을 정도다. 그에 따라 읽어야 할 책은 기하급수적으로 늘어난다. 책은 트렌드를 발 빠르게 쫓아가지는 못한다. 하지만 잘 정리하여 자세하게 알려준다. 실제로 매년 트렌드를 돌아보고 예측하는 책도 나온다.

책으로 배우는 건 한계가 없다. 마음만 먹으면 된다. 배우고 싶은 분야가 무엇이든 관련 분야 책을 찾아 읽으면 된다. 나보다 먼저 그 길을 걸어간 사람이 쓴 내용이다. 그 분야를 잘 모르는 나에게 저자의 시행착오까지 친절하게 알려 준다.

책은 단 한 번도 배신한 적이 없다. 책을 읽고 배우는 것이 최고다. 글로 되어 있어 인간에게 시각적으로 각인된다. 언제든지 다시 읽을 수 있다는 장점도 있다.

나를 비롯하여 책을 읽고 삶이 변한 사람이 많다. 이전까지는 답답한 현실에 무기력한 삶을 살았을지 모르지만 독서를 시작한 그 순간부터 삶이 변한다. 책으로 배운 것은 쉽게 사라지지도 않는다.

책을 읽는 사람은 계속 배우지 않으면 안 된다는 사실을 안다. 책 읽는 것 자체가 배우는 과정이다. 학생 때처럼 무슨 시험공부를 하는 것도 아니다. 그저 책 한 권을 읽으면 이전에 몰랐던 걸 배운다. 세상도 달리 보게 된다. 이것만으로도 책을 읽을 이유는 충분하다.

독서가 정신에 미치는 효과는
운동이 신체에 미치는 영향과 같다.

- 리처드 스틸 -

제 4 부

책에 대한
생각

책 쇼핑 중독

책을 많이 읽는 사람에게 축복인지 재앙인지 모를 일이 하나 있다. 바로 남들과는 조금 다른 쇼핑 중독자라는 점이다. TV 채널을 돌리다 우연히 본 홈쇼핑에 나온 상품이 너무 좋아 보여 사는 것과 비슷하다.

책을 많이 읽는 사람 중에도 이런 쇼핑 중독 증상을 보이는 사람이 있다. 이들은 정기적으로 대형 서점이나 인터넷 서점에 들러 새로 나온 책을 둘러 본다. 관심 있는 책을 찜해 놓는다. 어느 순간 결제 버튼을 누른다. 또는 계산 창구에 책을 잔뜩 들고 가서 차례를 기다린다.

쇼핑 중독 중에서는 가장 고상한 중독이라고 할 수 있다. 하지만 다른 사람 눈에는 이상한 사람으로 보일 수도 있다. 집에 읽을 책이 쌓여 있는데도 또 기어이 책을 사서 쌓아 놓는다. 책은 마음의 양식이라지만 쇼핑은 쇼핑이다. 나가는 돈이 만만치 않다. 사 놓고 다 읽지도 않으면서 또 책을 산다. 주위 사람은 이해하지 못한다.

쇼핑 중독에 빠진 사람이 마음에 드는 신상(신상품)을 발견하면 도저히 참을 수 없는 에너지가 분출된다. 눈을 감아도, 눈을 떠도, 밥을 먹어도 신상이 눈앞에 아른거린다. 신상이 머릿속에서 떠나지 않는다.

책 읽는 사람에게도 이런 책 구입 중독이 있다. 좋아하는 분야에 새로운 책이 나오면 그 책의 광고문구나 대략적인 내용을 훑어 본다. 어떤 내용인지 호기심을 참을 수 없다. 사고 싶은 충동이 마구 샘솟는다. 그 책을 사서 간직하지 않으면 마음이 불안하다.

책을 사도 즉시 읽지 않는다. 신상을 산 사람들이 당장 그 옷을 입고 나가지 않는 것처럼 말이다. 새로 사들인 책 말고도 쌓인 책이 가득하다. 제발 읽어 달라고 늘 그 자리에서 한결같이 나만 바라보고 있는 책이 잔뜩이다.

구입한 순서대로 책을 읽는 것도 아니다. 구입한 순서와 상관없이 읽고 싶은 책부터 즉흥적으로 읽는다. 당장 내게 필요한 내용이 아니라면 우선순위가 뒤로 밀린다.

'읽어야지' 마음만 먹고 있다가 뒤늦게 읽기도 한다. 그러나 우연히 다른 사람이 책 이야기를 하거나 어딘가에 책 내용이 소개되면, 차일피일 미루던 책이 갑자기 생각나서 찾아 읽기도 한다.

누군가 추천한 책이 재미있어 보이고 평소에 궁금해하던 내용이 담겨 있으면 일단 구입부터 한다. 집에 있는 책은 반드시 다 읽을 생각이지만, 새로 산 책 때문에 계속해서 읽어야 할 책이 늘어난다.

어느 순간부터는 특별한 계획이나 순서 없이 손에 잡히는 대로 읽는다. 어차피 좋아서 산 책이므로 언제 읽어도 읽을 책이다. 순서는 문제가 아니다. 그냥 읽으면 된다고 생각한다.

쇼핑 중독자가 쇼핑을 멈추는 방법은 간단하다. 물건을 보지 않으면 된다. 카드를 없애는 것도 하나의 방법이다. 마찬가지로 책 쇼핑을 멈추려면 서점에 가지 않거나 인터넷 서점을 보지 않으면 된다. 또는 쌓아 놓은 책을 다 읽을 때까지 책을 사지 않으면 된다. 그러나 이는 쉽지 않다.

가끔 책을 사는 것으로 스트레스를 풀 때도 있다. 무언가 일이 잘 안 풀리고 답답할 때 좋은 책을 찾고, 발견하고, 구입한다. 책을 읽으면서 느끼는 것과는 또 다른 에너지가 샘솟는다. 한동안 잠잠하다 다시 책을 사기 시작하면 또다시 병이 도졌냐는 말을 듣기도 한다.

이런 이야기가 도저히 이해되지 않는 사람도 많으리라 생각한다. 책을 사면서 그런 쾌감이나 심지어 카타르시스까지 느낀다니! 신기하게 생각할 수도 있다. 그러나 책을 많이 읽는 사람이나 독서 애호가는 공감할 것이다. 책 쇼핑 중독보다 발전적이면서 긍정적인 중독도 없다. 좋은 책을 발견하고 구입해서 끝까지 읽었을 때의 희열은 그 어떤 쾌락 못지않게 강렬하다.

오늘도 새로운 신간이 나오지 않았나 궁금해하며 서점에서 이 책 저 책을 뒤지는 사람에게 책 쇼핑은 즐겁고 행복한 중독이다. 책을 쇼핑하며 기쁨을 만끽해 보는 것은 어떨까?

책을 꼭 소장할
필요는 없어요

언제부터인가 사람을 만날 때면 책을 한 권씩 선물한다. 내 서재를 빽빽하게 채운 책을 보면 흐뭇하지만, 이것도 하나의 욕심이라고 생각한다. 특히 나는 한 번 본 책은 다시 보지 않는 스타일이다. 책을 끝까지 소유하는 건 공간 낭비고 책의 의미도 퇴색한다고 생각한다. 그래서 사람들에게 책을 선물하기 시작했다.

한때 책 나눔 운동이 유행했었다. 다 읽은 책을 공공장소에 놓아두고, 필요한 사람들이 가져가서 읽게 하는 운동이었다. 지식은 널리 전파되어야만 그 의미가 있다. 책을 가지고 있다고 지식이 계속 머릿속에 남아 있는 것도 아니다. 책을 꼭 소장해야 할 의미는 없다고 생각한다.

유명한 지식인이나 사회 지도층의 인터뷰에 자주 등장하는 장소가 바로 서재다. 네이버에는 '지서재(지금의 나를 만든 서재)'라고 하여, 명사들의 서재를 소개하는 곳이 있다. 그들의 서재에는 엄청나게 많은 책이 있다.

독서 관련 카페에는 자신의 서재를 사진으로 찍어 공개하는 곳도 있다. 사진을 보면 붙박이장에 천 권이 넘는 책이 꽂혀 있다. 이것은 책을 좋아하는 사람들이라면 누구나 가진 꿈 중 하나다. 나만의 서재에 책이 가득 꽂혀 있고 그곳에 앉아 여유롭게 책을 읽는 것 말이다. 집 안 가득히 책이 쌓여 있는 모습은 상상만 해도 흐뭇하다.

서재 사진 중에서 정말 인상적이었던 것이 있다. 바로 집 안이 온통 책으로 둘러싸인 집이었다. 작가의 집이었는데, 책을 많이 사기도 하고 선물도 많이 받아서 엄청나게 많았다. 집 전체를 책으로 도배하다시피 했다. 정말 대단했다.

책을 인테리어 소품으로 사용하기도 한다. 책으로 인테리어를 하는 방법에 관한 책도 있을 정도다. 예를 들어 집 내부 장식에 책을 소품으로 놓아두는 것이다. 양장본은 우아한 분위기를 연출할 수 있다. 두꺼운 고딕풍의 외국 서적은 엔틱(antique)풍의 분위기를 한껏 연출해 집의 품격을 올려 준다.

사회적으로 성공한 유명인사의 집에 책이 없다면 왠지 수준이 떨어지는 듯한 인상을 받는다. 집 내부에 책이 없으면 왠지 내적인 면에 충실하지 않은 것처럼 보이기 때문이다. 물론 나의 편견일 수 있다.

반면 방 한 칸짜리 집에 사는 사람이라도 책이 가득하다면 그 사람이 허투루 보이지 않는다. 그 사람의 미래는 분명히 밝을 것이라는 선입견이나 기대도 가지게 된다. 많은 책이 그 사람의 지식이나 자산을 증명하는 것이 아닌데도 말이다. 책이 그 사람의 인격이나 지식을 그대로 보여 주는 것은 아니지만, 집에 책이 많으면 왠지 유식하고 고상해 보이는 것은 모두 인정할 것이다.

그러나 이미 다 읽은 책들이 주인의 손길도 받지 못하고 그저 공간만 차지하고 있다면, 책에 대한 예의가 아닐 수도 있다. 주인에게는 공간만 차지하는 책이 누군가에게는 새로운 지식과 영감을 줄 수 있기 때문이다. 주인이 계속 가지고 있는 것은 사회적으로 손실이다.

이럴 바에는 누군가에게 그 책을 선물하는 것이 어떨까? 만약 책에게도 감정이 있다면 무척 기뻐할 것이다. 책이 탄생한 이유는 지식을 알리기 위함이니 말이다. 주는 사람에게는 별 의미가 없는 책이지만 받는 사람에게는 새로운 의미를 부여한다. 책을 받아 기분이 좋고 책에서 도움도 얻으니 이보다 더 좋은 일은 없다.

책을 선물해 보면 이런 사실을 확인할 수 있다. 주는 나도 기분 좋지만 받는 사람도 기뻐하고 좋아한다. 그리고 나중에 덕분에 좋은 책을 읽었다는 말을 듣거나 큰 도움이 되었다는 말을 듣는다. 나도 큰 행복을 느낀다. 책 선물을 계기로 주는 사람과 받는 사람의 관계도 더 돈독해진다. 무엇인가 같은 걸 공유했다는 공감대도 생겨난다.

누가 책을 선물로 주면 나는 그 책이 내게 별로였다고 해도 무조건 소장한다. 특히 저자의 사인이 있는 책은 평생토록 소장할 가치가 있다. 책을 소장함으로써 저자와의 추억도 함께 간직하는 의미가 있으니 말이다.

의미 있는 책은 평생토록 소장하더라도, 안 읽는 책을 선물하는 것은 상대에게도, 책에게도 의미 있는 일이라고 생각한다.

같은 책을 읽었다는 것은
사람들 사이를 이어 주는 끈이다.

- 에머슨 -

평생의 길을 책에서 찾은
근대 교육의 아버지 **페스탈로치**

근대 교육의 아버지로 불리는 페스탈로치는 이렇게
말했다.

"예전에는 세상이 단순해서 사람들이 배워야 할 것이
많지 않았다. 농업을 통해서만 음식을 얻을 수 있었던
과거와 달리, 이제는 가난한 사람들에게 정부에서 지원
하는 공교육이 반드시 필요하다. 공교육을 통해 가난한
사람들이 낮은 사회적 지위에서 벗어날 수 있다."

그는 현대 공교육의 필요성을 전파했다. 교육을 통해
가난을 벗어날 수 있다는 페스탈로치의 생각은 장 자크
루소의《에밀》에서 영향을 받은 것이다.

가난한 사람을 돕는 법률가가 되려고 했던 페스탈로
치는 아이의 성장 단계에 따른 이상적인 교육 내용을 소

개하는《에밀》이라는 책을 만나고 나서, 교육을 통해 참된 인간을 만드는 것이 더 중요하다는 사실을 깨닫고 교육에 헌신한다.

지식이나 진리는 암기로 얻어지는 것이 아니라 발견하고 깨우치는 것이라는 장 자크 루소의 사상은 현대 교육을 탄생시킨 페스탈로치를 통해 지금과 같은 학교의 발전으로 이어졌다.

가난한 사람을 돕는 삶을 살고자 했던 페스탈로치에게 책은 인생의 방향을 제시하고 평생 헌신할 일을 제시했다. 이처럼 사람은 책을 만들고 책은 한 인간의 운명을 결정짓는다.

도서관에서 빌리는
즐거움

책을 읽겠다고 결심했더라도 막상 읽으려고 하면 읽어야 할 책이 무궁무진하다는 사실에 놀란다. 지금까지 알지 못했던 세계가 펼쳐지는 것도 놀랍지만 읽어야 할 책이 엄청나게 많다는 사실에 다시 한번 놀란다. 대형 서점에도 도서관에도 책이 가득하다.

우리나라 사람이 책을 읽지 않는다는 사실은 새삼스럽지도 않다. 매스컴에서 단골 주제로 다루는 이야기다. 한편 대형 서점에 가 보면 이것이 사실일까 의구심이 들 정도로 많은 사람이 책을 찾고 고르는 모습을 본다. 특히 주말에 가 보면 사람들이 빽빽이 들어차 있다. 사람이 너무 많아서 움직이기 힘들 때도 있다.

요즘은 책을 살 때 대부분 인터넷 서점을 이용하지만, 여전히 서점에 가서 직접 책을 보고 확인한 후에 사는 사람도 많다. 어떤 사람은 서점에서 한 권을 다 읽기도 한다. 보고 싶은 책은 많고 가진 돈은 적다 보니 궁여지책으로 선택한 방법일 것이다.

서점에서도 특별한 제재를 가하지 않는다. 개인적으로는 떡하니 자리를 차지하고 앉아 남을 방해하는 사람을 좋게 생각하지 않는다. 독서인으로서 타인을 배려하는 마음가짐이 부족해 보이기 때문이다.

책을 읽는 건 좋은 일이다. 그런데 책을 많이 읽기 시작하면 그때부터 딜레마에 빠지게 된다. 읽어야 할 책이나 읽고 싶은 책이 눈에 들어오지만 책을 살 돈은 한정되어 있다. 그렇다고 입맛만 다시면서 다음을 기약할 수만도 없다.

책값이 보통 1만 5천 원 정도니 대여섯 권만 구입해도 한 달 책값으로 상당한 금액을 쓰는 셈이다. 더 사기는 어렵다. 돈을 많이 벌어 마음껏 사면 가장 좋겠지만 그게 마음대로 되는 일은 아니다.

그래서 나는 도서관에서 책을 빌려 읽었다. 모두 사서 읽으려니 책값이 만만치 않았기 때문이다. 수입은 한정적이니 읽고 싶은 책을 마음껏 사기 어려웠다.

그렇다고 독서를 중단할 마음은 없었다. 한 권을 사서 여러 번 읽는 방법도 있지만, 나는 한 번 읽은 책은 다시 읽지 않는 스타일이라 그렇게 할 수도 없었다. 내가 할 수 있는 최선의 방법은 도서관에서 책을 빌려 읽는 것이었다.

주말에 도서관에 가서 책을 읽는 사람도 있다. 하지만 나는 서점이나 도서관에서는 책을 읽고 싶지 않았다. 서점에서는 어떤 책이 새로 나왔는지, 도서관에서는 어떤 책이 구비되어 있는지 확인만 했다. 마음에 드는 책이나 혹은 보려고 했던 책이 눈에 띄면 그 즉시 도서관에서 빌렸다. 대여할 수 있는 최대로 꽉 채워서 말이다.

도서관에서 빌리는 것을 싫어하는 사람들이 많다. 기한 내에 책을 읽고 반납해야 하는 압박감이 싫기 때문이다. 그런데 내게는 오히려 이것이 가장 큰 장점이었다.

책을 빌리면 보통 2주라는 기간이 정해져 있고 추가로 1주 정도 기간을 연장할 수 있다. 책 대여 기간이 최대 3주라면 도서관마다 3권에서 5권까지 빌릴 수 있다. 그에 맞춰 한 권당 며칠 내로 읽어야겠다고 생각한다. 대부분 정한 목표보다 빨리 읽기는 한다. 도서관에서 빌린 책은 언제까지 읽어야 한다는 목표가 명확하므로 다른 책보다 먼저 읽는다.

예를 들면 얇은 책은 이틀, 두꺼운 책은 사흘, 어렵고 두꺼운 책은 일주일 정도를 목표로 정한다. 도서관에서 두껍고 어려운 책을 빌릴 때는 쉽게 읽을 수 있는 책을 섞어서 빌린다. 기한 내에 반납해야 하기 때문이다. 나는 연체를 싫어해서 기한 내에 읽으려고 노력했다. 대부분 기한을 어기지 않고 끝까지 읽은 다음에 반납했다.

도서관에서 빌릴 때 단점도 있다. 인기 있는 책은 쉽게 빌릴 수 없다. 도서관에 아직 갖춰지지 않은 경우도 있고, 책이 있더라도 사람들이 즉시 빌려 간다. 시간이 한참 지나고서야 빌릴 수 있다.

무라카미 하루키의 《1Q84》는 거의 1년 동안 도서관에서 구경하기 힘들었다. 들어오면 즉시 대여되거나 예약이 한 달 이상 밀려 있었기 때문이다. 결국 도서관이 아닌 다른 경로를 통해 빌려 읽었다.

나는 집 근처 서너 군데 도서관을 돌아다니며 책을 고르기 때문에 웬만한 책은 빌릴 수 있다. 심지어 내가 사는 곳에서 멀리 떨어진 서울시청 도서관이나 정독 도서관에 가끔 성지 순례하듯이 가서 책을 빌리기도 한다.

우리나라는 도서관 숫자가 매우 적다. 만약 규모가 큰 도서관이 1만 개 정도 되면 출판사가 양질의 책을 많이 출간할 수 있을 것으로 생각한다. 1만 곳의 도서관 중 10분의 1만 책을 구입해도 최소한 1,000권이 팔린다. 그러면 출판사가 양질의 책을 펴내는 부담을 조금이라도 덜 수 있다.

나라에서 책을 많이 읽으라고 국민에게 소리 높여 장려할 필요도 없다. 주변에 도서관이 많으니, 시민은 책도 보고 문화생활도 할 수 있는 도서관을 많이 찾게 된다. 도서관의 일자리도 늘어나 실업을 줄이는 데도 도움이 된다. 이처럼 도서관이 늘어나면 여러 가지로 긍정적인 발전을 이룰 수 있을 것이다.

독서 생활 초기에는 점심시간을 이용해 회사 근처 남산 도서관과 용산 도서관에서 책을 빌렸다. 주말에는 집 근처 도서관에서 빌렸다. 지금은 회사를 다니지 않기 때문에 회사 근처 도서관에 가지 않지만 그 시절은 내게 추억으로 남아 있다.

각각의 도서관은 아주 작은 차이가 있다. 도서관마다 책을 분류하는 방법이 다르다. 같은 책을 어떤 도서관은 '가'라고 분류하고, 다른 도서관은 'A'라고 분류한다. '도서관 사서들이 무슨 기준으로 분류했을까?'라는 궁금증이 생기기도 한다.

어떤 도서관은 경제 다음에 경영으로 넘어간다. 어떤 도서관은 경제 다음에 주식투자, 그다음에 부동산으로 넘어가고, 다음으로 경영이 나오기도 한다. 이렇게 도서관마다 조금씩 다른 분류를 보는 것도 소소한 재미다.

책을 많이 읽고 싶지만 금전적으로 부담이 되는가? 그렇다면 도서관에서 책을 빌려 읽는 방법을 추천한다. 도서관도 모든 책을 보유하고 있지 못하니 여러 도서관을 다니며 빌리는 것이 좋다.

나의 경우 가까운 곳은 걸어서 10분 정도 거리지만 먼 곳은 40분 정도 걸린다. 조금 멀지만 책도 빌리고 운동도 하는 등 장점이 많다. 책을 빌려 읽은 후, 정말 좋은 책이고 소장하여 두고두고 보고 싶다는 생각이 들면, 인터넷 서점이나 오프라인 서점에서 구입하면 된다.

나는 주로 도서관에서 많이 빌려 읽는다. 그런데도 오랜 시간이 지나니 집에 쌓인 책이 꽤 많다. 내가 이 정도니 책을 사서 보는 사람은 쌓인 책이 어마어마할 것이다.

무엇이든 꼭 멀리서 찾을 필요는 없다. 자신이 가진 것에 만족하고, 가까운 곳에서 소소한 행복을 발견하는 것은 살아가는 데 중요한 지혜다.

도서관이
많아야 해요

   우리는 책을 사서 읽기도 하고, 도서관에서 빌려 보기도 하고, 주위 사람에게 빌려 읽기도 한다. 하지만 대부분은 사서 읽는다. 도서관에서 빌릴 때 그 책이 없으면 도서관에 책 구입을 요청하기도 한다. 이렇게 도서관에서 구입하는 책이 많으면 우리나라 출판업계에 큰 도움이 될 것이다.

   만약 우리나라에 규모가 좀 되는 도서관이 1만 개만 있어도 우리나라 출판시장은 지금과는 완전히 다른 시장이 될 수 있을 것이다. 1만 개의 도서관 중 10%만 신간을 구입해도 기본적으로 1,000권이 팔리기 때문이다.

   책이 팔려야 먹고사는 출판업계는 요즘 불황에 시달린다. 특별히 유명한 저자가 아니면, 출판사는 초판으로 1,000~1,500권을 찍는다. 유명 작가는 초판으로 5,000~10,000권씩 찍기도 하지만 이런 저자는 드물다.

우리나라 도서관은 몇 개나 될까? 도서관위원회 자료에 의하면, 우리나라 공공 도서관은 2010년 기준으로 759관이었다. 1관당 인구수는 6만 6,500여 명이다. 독일은 1관당 9,900여 명이고, 미국은 1관당 3만 2,000여 명, 일본은 4만여 명이다. 다른 나라와 비교하면 우리나라의 도서관 숫자가 얼마나 적은지 확연히 드러난다.

도서관은 우리가 책을 빌리고 읽는 장소일 뿐만 아니라, 각종 문화 체험도 하고, 다양한 교육 프로그램으로 지역 주민의 문화 수준을 높이는 곳이기도 하다. 이런 장소인 도서관이 적다는 건 문화적인 면에서 불행한 일이다.

개정판을 쓰면서 2019년 자료를 조사하니 공공 도서관이 1,107관으로 늘었다. 또 전국에 소규모 도서관도 많이 생겼다. 짧은 기간 동안 도서관이 많이 늘어났다. 도서관이 많이 늘어나야 한다고 주장했던 내 입장에서는 뿌듯하다.

그래도 아직 공공도서관이 적은 편이다. 지은 지 오래된 건물도 많다. 도서관에 양서도 부족하고 장서 수도 아직 부족하다. 사서들이 좋은 책을 골라 구입하기도 하고 도서관 이용자들이 책을 신청해서 구입하기도 한다. 그렇지만 한 해에 쏟아져 나오는 책을 생각하면 아직도 많이 부족하다.

내가 도서관에서 책을 빌릴 때도 원하는 책이 없는 경우가 많았다. 집 주변의 시립 도서관과 구립 도서관 등 3곳을 이용하는데도 내가 찾는 책이 없는 경우가 많다. 다른 사람이 원하는 책을 빌려 갔을 때도 있지만 도서관에 아예 구비되지 않았을 때가 더 많았다. 나로서는 아쉬울 때가 한두 번이 아니다.

나는 지금까지 구로 도서관, 정독 도서관, 용산 도서관, 남산 도서관, 강남 도서관, 서초 중앙도서관, 마포 도서관 등을 가 봤다. 건물만 덩그러니 있는 도서관보다 정독 도서관처럼 건물과 함께 자연을 벗 삼을 수 있고 많은 책을 보유한 곳이 좋다. 이런 곳에 가면 기분이 좋아지고 책 냄새에 취하기도 한다. 그럴 때는 도서관에 있는 모든 책을 읽고 싶은 충동에 사로잡힌다.

원래 도서관은 시험공부를 위한 곳이라는 이미지가 강했다. 그러나 요즘은 도서관에서 책을 읽는 사람이 많아졌다. 예전에는 도서관에서 공부하는 사람이 많아서 새벽부터 줄을 서서 기다리는 풍경을 자주 볼 수 있었지만, 지금은 점차 책을 읽는 곳으로 자리 잡아 가고 있다.

도서관에서 하루 종일 책을 벗 삼아 읽는 사람도 제법 많다. 책상에 몇 권씩 책을 쌓아 놓고 읽는 사람을 보면 대단하다는 생각이 든다. 더구나 도서관에 갈 때마다 항상 같은 자리에 앉아 책을 읽는 사람을 보면 존경심마저 든다.

가끔 '도서관 근처의 집값이 오르면 도서관이 많아질 수 있을까?'라는 엉뚱한 생각을 한다. 집 근처에 마트 같은 것이 들어서면 그곳의 집값이 오르는 것처럼 말이다. 도서관이 많아지면 분명 책 읽는 사람도 많아질 것이다. 집 근처에 도서관이 있다면 자주 갈 수 있기 때문이다.

도서관만큼 즐겁게 시간을 보낼 수 있는 장소도 없다. 사람들은 이 사실을 잘 모른다. 도서관에 가면 할 수 있는 게 많다. 도서관에 책만 있는 건 아니다. 여러 분야의 잡지도 있고, 다양한 종류의 신문도 있고, 대형 TV와 DVD로 영화도 볼 수 있다. 심지어 영어를 배울 수 있는 강좌도 마련되어 있다. 이처럼 도서관에는 우리가 모르는 즐길거리가 많다.

지금껏 도서관에서 책만 읽는다고 생각했던 사람은 도서관에 가 보기 바란다. 도서관에는 여러 가지 문화 활동을 할 수 있는 프로그램이 마련되어 있고 다양한 강의도 열린다.

도서관을 잘 이용하면 풍성한 문화 혜택을 누릴 수 있다. 저렴한 비용으로 들을 수 있는 강의나 문화강좌가 많다. 집 근처 도서관을 많이 활용하기 바란다.

독서모임

책 읽기는 누군가와 함께하는 것이 아니라 혼자서 하는 행위다. 낭독처럼 여러 명이 모여 함께 읽는 경우도 있지만, 책 읽기는 대부분 혼자서 한다. 책 저자와 독자가 공감하고 때론 반박하며 즐거운 둘만의 시간을 가진다.

저자가 책에 담은 내용이 무엇이든 간에 책 읽기는 독자의 몫이다. 저자가 주장한 중심 사상은 그대로 전달되지만 그 이외의 것은 독자가 어떻게 느끼고 받아들이는지에 따라 달라진다. 같은 책을 읽어도 사람들의 반응이 다른 이유가 바로 여기에 있다.

그런데 오랫동안 혼자 책을 읽다 보면 무엇인가 부족하다는 느낌을 받는다. 내가 읽고 느낀 점이 올바른 것인지, 저자의 이야기를 제대로 이해한 것인지, 다른 사람은 어떻게 생각하는지 등이 궁금해진다.

그래서 다른 사람이 올린 리뷰를 읽으며, 다른 사람도 나와 같은 생각을 하는지 혹은 다른 생각을 하는지 찾아본다. 하지만 이 역시 책 읽기처럼 일방적으로 읽는 것이라서 부족하다고 느낀다. 마침내 나 말고 다른 사람은 어떤 생각을 하는지 직접 만나 이야기하고 싶은 순간이 찾아온다.

나는 인문학이라 불리는 '문사철(문학, 사회학, 철학)'보다는 실용서 위주로 책을 읽어 왔다. 그러나 서서히 인문 분야 책도 읽고 1년에 120권씩 읽은 세월이 꽤 흐르자, 자연스럽게 다른 사람들과 읽은 책에 대한 이야기를 나누고 싶은 욕구가 생겼다. 책을 매개로 해서 만난 사람들과 여러 이야기를 나누고 싶은 생각이 마구 일었다.

그래서 독서모임을 찾아보았다. 정말 많은 독서모임이 있었다. 인문고전을 위주로 하는 독서모임, 실용서를 통해 재테크를 공부하는 독서모임, 독서는 뒷전이고 뒤풀이가 주목적인 독서모임, 저자를 초빙해서 강연을 듣는 CEO를 위한 독서모임 등. 종류도 다양하고 연령층도 다양했다.

인터넷에서 쉽게 찾을 수 있는 독서모임은 20대, 30대가 주요 연령층이었다. 연령이 높아지면 순수한 독서모임과는 거리가 멀었다. 돈을 내고 MBA 식으로 진행하는 독서모임이 많았다. 이런 모임은 인터넷보다는 신문 지면에서 주로 볼 수 있다.

인터넷 독서모임은 특성이 있다. 대부분 젊은 남녀가 모인다. 이 때문인지 함께 모여 선정한 책에 대한 이야기도 하지만, 그보다는 토론이 끝난 후 뒤풀이로 친목을 다지는 것이 주요 목적처럼 보였다.

한편 문사철을 전문으로 하는 독서모임은 왠지 부담스럽게 느껴졌다. 부담 없이 책을 읽고 느낀 점을 이야기하는 자리와는 거리가 멀어보였다. 거대 담론을 이야기하고 깨달음에 대해 서로 논쟁하고 치열하게 토론하는 자리인 것 같아 선뜻 참여하기 어려웠다.

그래서 '내가 직접 독서모임을 만들어 보면 어떨까?'라는 생각에 이르렀다. 독서모임에 참여해 본 적이 없어 어떤 식으로 독서모임을 진행하는지 알지 못했지만 일단 독서모임을 공지했다. 아무런 형식도 없고 정해진 내용도 없이 자연스럽게 이야기가 흘러가도록 진행했다.

처음에는 특정한 책을 선정하지 않았다. 각자 모임에 와서 자신이 읽은 책 중 하나를 소개하는 시간을 가졌다. 그러자 책을 선정해서 독서모임을 하자는 의견이 많이 나왔다. 결국 내가 매월 책을 선정해서 그 책에 관해 이야기하기로 했다.

어떤 형식으로 독서모임이 진행되는지는 크게 중요하지 않다. 사람들이 서로 만나 이야기를 함께 나눈다는 점이 중요하다. 책이라는 매개체를 통해 평소에 하기 힘든 진솔한 이야기를 나눌 수 있는 자리가 바로 독서모임이기 때문이다.

친구나 가족끼리 독서모임을 하기는 어렵다. 서로의 관심사가 다르기 때문이다. 서로 잘 모르더라도 관심사가 같은 사람들이 모이면 자연스럽게 공통의 주제를 토론할 수 있다. 친구와의 수다나 가족과의 담소와는 또 다른 시간이다.

독서모임이라고 하여 거창하고 특별한 이야기를 나누는 자리는 아니다. 자기 이야기도 하지만, 그보다는 책이라는 공통의 관심사를 이야기하며 교감을 나눈다. 상대방을 배려하면서 내 견해를 주장한다.

평소에 만나지 못했던 다른 분야의 사람도 만난다. 잘 몰랐던 분야에 대한 진솔한 이야기를 들을 수 있다. 독서모임은 이렇게 소중한 시간이다.

'다른 사람은 이 책을 어떻게 생각할까?'라는 호기심에서 시작한 독서모임은 좋은 사람들을 만나 함께 이야기하는 시간이 되었다. 나와는 다른 누군가를 만나 허심탄회하게 이야기를 나눌 수 있고, 서로 좋은 영향을 주고받기도 하고, 힐링을 하기도 하고, 세상을 바라보는 다른 시각을 만날 수도 있다. 정말 유익한 시간이다.

혼자 책 읽는 것에 답답함을 느끼는가? 다른 사람은 어떤 식으로 책을 읽는지, 어떤 생각을 하는지 궁금하지 않은가? 그렇다면 독서모임에 참여할 것을 추천한다. 처음에는 좀 어색할 수도 있다. 하지만 책이라는 공통된 관심사로 모인 사람들이어서 금세 친해지고 즐거운 시간을 보낼 수 있을 것이다.

좋은 책을 읽는 것은 과거의 가장
훌륭한 사람들과 대화하는 것이다.

- 데카르트 -

책을 통해 진정한 부의 의미를 전파한 부의 선지자 **앤드루 카네기**

현대의 '부자 성공학'은 앤드루 카네기가 나폴레온 힐(Think and Grow Rich 저자)에게 부자에 대해 알아 오라고 한 것이 시작점이었다. 앤드루 카네기는 '철강왕 카네기'라는 명칭으로 더 유명하다. 그는 사업으로 크게 성공했지만 자선사업으로도 유명한 인물이다.

미국에서 자선을 당연한 책임과 의무로 여기는 노블레스 오블리주가 사회적으로 정착하게 된 계기가 있다. 바로 앤드루 카네기가 살아생전에 펼친 자선사업이 미국을 성장시킨 데서 출발한다. 카네기는 정규 교육이라고는 4년밖에 받지 못했지만, 도서관의 책을 읽으며 독학으로 배움에 대한 갈증을 채웠다.

그는 허버트 스펜서의 《종합철학체계》에 나온 적자생존 개념으로 자신의 기업을 성장시켰다. 그는 기업 경영에 성공했던 사람이 직접 자선사업을 해야 성공시킬 수 있다는 신념으로 카네기 재단을 만들었다.

미국 각지에 도서관을 비롯한 각종 공공시설을 설립하여 지식을 쌓는 풍토가 자리 잡도록 노력했다.

또한 자신의 부에 대한 철학을 설파하기 위해서《부의 복음》을 출간하였고, 자신의 필요를 넘어서는 초과분의 수입은 공동체를 위한 '신탁자금'이며, 개인의 부는 '공공의 축복'이라고 강조했다.

그는 "부자인 채로 죽는 것은 정말 부끄러운 일이다.", "인생의 3분의 1은 교육에, 3분의 1은 돈 버는 일에, 나머지 3분의 1은 가치 있는 대의에 써라." 등 가치 있는 삶에 대한 수많은 명언을 남겼다.

그는 최선을 다해 부를 축적하고 축적한 부를 공공에 베푸는 삶을 실천함으로써 후대 부자들에게 '부자가 걸어야 할 가치 있는 길'을 명확히 제시했다. 책은 그에게 부로 가는 길을 제시하고 부를 나누는 삶으로 인도했다.

책 읽는 모습을
보여 주자

우리 집도 그렇고, 주변 초등학생이 있는 집들도 그렇고, 공부방을 봐도 그렇고, 모든 집에 책장 가득 책이 꽂혀 있다. 한두 권도 아니고 수백 권씩이나 있다. 그 책을 아이들이 본다. 아이들이 커서 얼마나 책을 많이 읽을지 한 명의 독서가로서 내심 기대된다.

그런데 실상은 전혀 그렇지 않다는 것이 문제다. 아이들이 열심히 책을 읽는 것도 초등학생 때까지다. 부모가 열심히 책을 사 주는 것도 초등학생 시기에 한정된다.

다들 독서가 아이의 인생에 엄청난 돈이 된다는, 아니 도움이 된다는 사실을 확신한다. 책의 중요성을 모르는 사람은 없다. 부모들은 열심히 책을 사 준다. 또 요즘은 아이가 어렸을 때 책을 읽어 주어야 한다고 알려져 있다. 부모들이 아이에게 열심히 책을 읽어 준다.

이렇게 책을 읽을 수 있는 환경에 둘러싸인 아이들이 청소년이 되면 그때부터 책 읽는 것을 등한시한다. 아니, 읽으려 하지 않는다. 참고서와 교과서 이외에는 책으로 치지도 않는다. 만화책 정도를 읽는 것이 전부인 청소년도 많을 것이다. 어른이 되면 이런 현상은 더욱 심해진다. 지하철에서 핸드폰을 들고 게임을 하거나 동영상을 보는 사람은 많지만 책을 읽는 사람은 드물다.

내가 어렸을 때 일반적인 가정집에는 세계 위인전 같은 책 정도만 있었다. 요즘 아이가 있는 집은 전래동화를 비롯해 온갖 분야의 책이 가득하다. 아이들이 읽은 책 권수는 입이 다물어지지 않을 정도다. 1년에 수백 권씩 읽는다고 한다. 책장에 가득한 책을 보고, 이걸 다 읽었냐고 물어보면 부모는 자랑스럽게 그렇다고 대답한다.

요즘은 기한을 정하고 아이가 그 기간 내에 책을 읽으면 보상을 준다고도 한다. 아무튼 아이들이 읽은 책 권수가 놀랍다. 아이들 책은 그림이 많고 글자가 적다고 한다. 하지만 그건 어른이 볼 때 그렇다. 아이에게는 어른이 300페이지 책을 읽는 것과 같다.

어른도 하루에 한 권은커녕 일주일에 한 권 읽기도 힘든데, 아이에게 하루 4~5권을 읽게 한다. '이렇게 많은 책을 읽은 아이의 미래는 밝을 수밖에 없지 않을까?'라는 생각이 든다. 이대로 자란다면 이 아이가 성인이 되었을 때 읽은 책은 만 권도 넘지 않을까 싶다.

하지만 청소년 시기로 진입하면서 이렇게 많이 읽던 책을 더는 읽지 않는다. 부모들도 책 읽을 시간에 공부하라고 다그친다. 결국 고등학교를 졸업하고 성인이 되어도 어렸을 때 읽은 책이 전부다.

아이들이 진정으로 책의 세계에 빠져들어 읽는 게 아니다. 책 읽기라는 유행을 쫓는 부모의 교육열 때문에 억지로 책을 읽는다고 생각한다. 학년이 올라갈수록 책에 대한 거부감이 들 수밖에 없다. 부모가 시켜서 혹은 강요로 책을 읽으면 결국 독서는 고통스러운 일이 된다. 그 트라우마는 오래도록 남는다. 무의식적으로 책을 멀리할 수도 있다.

많은 부모들이 아이들을 데리고 서점에 온다. 아동도서 코너에 자리를 잡고 아이에게 열심히 책을 보여 준다. 그중 몇 권을 사 주는 모습도 종종 본다. 그러나 정작 부모 자신이 읽을 책을 고르거나 사는 경우는 거의 없다. 부모는 책을 고르고 읽는 재미를 느끼지 못하면서 아이에게만 강요하고 있는 건 아닐까?

부모가 책 읽는 모습을 보여 주지 않으면서 아이에게만 책을 읽으라고 한다. 이것처럼 모순된 행동도 없다. 아이는 의식적으로든 무의식적으로든 부모의 행동을 따라 하기 마련이다.

아이가 어릴 때 책을 함께 읽는 경험을 선물했다면, 청소년기에는 부모가 열심히 책 읽는 모습을 선사하면 어떨까? "공부해라. 나는 책을 읽을 테니."라고 말한다면 아이들의 반발도 덜할 것이다.

아이에게 "공부해."라고 말하고 텔레비전을 시청하고 있는 모습을 보여 주는 것보다는 낫지 않은가? 아이들도 받아들이기 쉬울 것이다. 실제로 아이들을 훌륭하게 키운 사례를 보면 부모는 예외 없이 이렇게 행동했다.

소설은
재미있어야죠

대중 소설과 작품으로서의 소설을 구분하는 잣대는 분명하지 않다. 느낌으로 구분할 수 있을 뿐이다. 대중 소설은 재미있어야 한다는 게 내 지론이다. 재미는 흥미진진한 것만을 뜻하진 않는다. 무엇이든 책을 읽게 만드는 요소가 있다면 그것이 재미라고 생각한다.

작가의 통찰력이 돋보여 재미있는 책도 있다. 여하튼 읽는 사람이 재미있다고 생각하면 당연히 그 책을 읽을 것이고, 그렇지 않다면 읽지 않을 것이다. 소설은 실용적인 목적으로 읽지 않는다. 소설이 재미없으면 책을 덮고 다른 일을 하면 된다.

지금 하는 일을 잊고 그 소설을 계속 읽게 만든다면, 심지어 촌음을 아껴가며 읽게 만드는 책이라면, 설사 킬링타임용이라 해도 좋은 책이다. 우리의 에너지를 집중하게 만드는 힘이 있으니 말이다.

대체로 소설은 현실을 기반으로 한 거짓말이다. 그러나 독자가 공감하고 감정이입하게 만드는 스토리는 독자에게 큰 영향을 미치기도 한다. 한 권의 소설이 한 인간의 운명이나 가치관, 세계관을 바꾸기도 한다. 그 소설이 큰 울림을 전달했기 때문이다.

인간에 대해 알고 싶을 때 소설만큼 좋은 게 없다. 다양한 인간군상을 보여 주기 때문이다. 고전으로 살아남은 소설은 지금까지 미처 몰랐던 인간의 심리와 행동을 알게 해 준다. 다만 고전은 옛사람의 호흡, 느낌, 생활을 다루므로 우리가 낯설게 느낄 수밖에 없다.

지금 우리는 하루 만에 지구 어느 곳이나 갈 수 있는 삶을 살고 있다. 며칠씩 걸려 다른 곳으로 이동하던 사람들이 살아가는 방식은 지금과 다를 수밖에 없다. 이렇게 느린 삶을 살던 시대를 배경으로 한 소설은 공감하기 어렵다. 최근 '느리게 살기'라는 정서가 유행하기는 하지만, 우리의 템포와 그들의 템포는 너무 차이가 나기 때문이다.

소설의 내용도 내용이지만 문장과 문체도 다르다. 작가가 지식이나 글솜씨를 자랑하기 위해서 글을 길게 늘여 쓴 것은 아닐 것이다. 그렇게 쓰는 것이 그 당시에는 자연스럽고 당연한 형식이었을 것이다. 그러나 지금은 점점 짧게 핵심만 쓰는 경향이 강하다. 그래서 요즘에는 단편 소설이 인기를 얻는 추세다.

우리가 삶을 살면서 모든 것을 경험할 수는 없다. 그런데 소설은 그것을 가능하게 해 준다. 천재적인 작가는 일반 사람들이 경험하지 못하고 상상하지도 못한 것을 글로 풀어낸다. 우리의 상상력을 자극한다.

그렇더라도 결국은 현실에 그 뿌리를 두고 있다. 한 인간의 상상력은 결국 그의 경험과 지식에서 나온 결과물이기 때문이다. 그렇기에 우리는 소설을 읽으면서 다양한 간접 경험을 할 수 있다. 소설가는 허황되고 말도 안 되는 이야기를 지어내는 건 아니다. 때로는 자신이 경험한 것을 글로 풀어내기도 한다.

소설가는 소설의 소재를 찾을 때 심층적으로 인터뷰하고 조사한다. 그것을 토대로 현실에서 벌어지거나 벌어질 법한 이야기를 우리에게 들려준다. 소설을 통해 회사에 다니지 않았던 사람도 간접적으로 회사원의 일상을 알 수 있다. 또 잘 알려지지 않았던 사실이 세상에 알려지기도 한다.

단순한 흥미 위주의 소설이라도 그 내용이 현실과 터무니없이 동떨어졌다면 사람들의 관심과 선택을 받지 못한다. SF 소설이라 해도 미래에 충분히 있을 법한 일들이 전개된다. 소설 내용이 몇십 년 후에 실제로 현실에서 일어나는 걸 목격하기도 한다.

실용서를 시간 가는 줄 모르고 읽는 경우는 거의 없지만 소설은 그럴 수 있다. 페이지를 넘기는 것조차 느끼지 못하게 만드는 소설을 읽으면 시간이 얼마나 상대적인지 알 수 있을 것이다. 나도 시간 가는 줄 모르고 소설을 읽다가 내려야 할 역에서 못 내릴 뻔한 적이 많다. 실용서는 그런 일이 한 번도 없었지만 소설은 몇 번이나 있었다.

어쨌든 소설은 반드시 재미있어야 한다. 무엇을 배우고 얻기 위해 읽는 실용서가 아니라 소설이기 때문이다. 소설이 재미없다면 그야말로 시간 낭비다. 그렇다고 조금 읽다가 재미없다고 바로 책을 덮을 필요는 없다. 처음에는 재미없지만 계속 읽다가 점점 빠져드는 경우도 꽤 있다. 그래서 나는 어지간하면 어떤 책이든 끝까지 읽는 편이다.

다양한 책 중에서 사람들이 가장 부담 없이 읽을 수 있는 것이 바로 소설이다. 소설을 통해 지식을 얻을 때도 있다. 할 일이 없을 때 시간을 때우기도 좋다. 세상만사를 잊는 데 도움이 될 때도 있다. 또 어떤 때는 힐링이 되기도 한다. 나는 주로 소설 이외의 책을 읽기는 하지만, 재미있는 소설을 읽을 때만큼 즐겁고 행복한 시간도 없다.

책에 대한 생각

요즘은 유튜브가 대세다. 정확히는 유튜브가 대세인 것처럼 느껴진다. 유튜브는 책보다 훨씬 쉽게 접근할 수 있다. 책은 쉽게 접근하기 어렵지만 유튜브는 아이들도 쉽게 접근한다. 아무것도 알려주지 않아도 말이다. 스마트폰을 주면 아이들은 얼마 되지 않아 유튜브를 척척 본다. 알아서 다양한 채널을 옮겨 다닌다. 책은 그렇지 않다. 책을 안겨 줘도 아이가 알아서 보지 못한다.

책은 무엇보다 글을 읽을 줄 알아야 한다. 글을 읽을 줄 모르면 책은 아무 의미가 없다. 더구나 글을 읽을 줄 알아도 아이가 스스로 책을 읽는 경우는 드물다. 거의 없다고 봐야 할 듯하다. 그만큼 독서는 인간에게 어려운 행위다. 상당한 지적 능력을 요구하기 때문이다. 이런 의미로 볼 때 책은 쉽게 접근할 수 있는 도구가 아니다. 이로 인해 뜻하지 않은 차별성을 선사한다.

유튜브가 대세인 것도 분명하고, 유튜브로 꽤 큰돈을 버는 사람이 많은 것도 사실이다. 너무 쉽게 돈을 번다고 생각할지도 모르겠다. 그러나 유튜브를 많이 보는 사람 중에 성공한 사람은 없다. 유튜브 동영상을 직접 제작하는 생산자가 그나마 돈을 번다.

유튜브는 엔터테인먼트 측면이 강하다. 동영상을 통해 정보와 지식을 얻기도 하지만 대다수는 깊이가 부족하다. 깊은 호흡으로 정보와 지식을 흡수하고 생각하게 만드는 것은 책만이 할 수 있다.

유튜브가 대세인 시대에 책을 강조하니 시대에 뒤처진 사람처럼 보일지도 모르겠다. 하지만 절대로 그렇지 않다. 앞으로는 책을 읽는 사람과 읽지 않는 사람으로 나눠질지도 모른다.

인스턴트 같은 정보, 지식, 즐거움을 추구하는 사람은 동영상을 많이 볼 것이다. 깊은 사고가 필요한 고차원적인 정보와 지식을 추구하는 사람은 책을 볼 것이다. 말도 안 되는 주장이라고 할지도 모르겠다. 그러나 책을 읽은 사람과 그렇지 않은 사람은 시간이 지날수록 엄청난 차이를 보일 것이다.

내 주변에는 사회적으로 성공한 사람들이 많다. 이름만 들으면 알 수 있을 정도의 인지도가 있는 사람들 말이다. 이들 중 1년에 100권 이하로 책을 읽는 사람은 없었다. 이미 어느 정도 성공하고 바쁜 사람인데도 책을 읽는다. 바쁜 와중에도 시간을 쪼개 책을 읽는다. 도대체 시간이 언제 나는지 궁금할 정도다.

그들은 알고 있다. 책을 읽는 사람만이 가지는 유무형의 가치를 말이다. 그 가치는 당장 눈에 띄지 않는다. 책을 안 읽는 사람은 절대로 알지 못한다. 독서가 주는 엄청난 효용은 그걸 느껴 본 사람만이 안다. 바쁜 시간을 쪼개서 책을 읽는 이유다. 독서를 통해 얻는 무형의 가치는 다른 것에서 절대로 얻을 수 없다. 다른 것은 즉각적인 만족과 재미를 줄 수 있지만, 지속적인 유익과 만족을 주지 못한다.

그걸 알기에 그들은 끊임없이 책을 읽는다. 읽은 만큼 지식이 늘어나고 세상을 바라보는 시선이 넓어진다. 시선이 넓어지니 계속 책을 읽는다. 이런 선순환 구조가 계속되며 책을 읽지 않는 사람과 차별화된다. 그 차이는 갈수록 더 벌어진다.

지금 나는 도돌이표처럼 반복적으로 이야기하고 있다. 내가 직접 이런 체험을 했기 때문이다. 이걸 사람들에게 전달하지 않으면 안 된다는 생각도 가지고 있다. 《책으로 변한 내 인생》을 개정하여 펴내는 이유이기도 하다. 이 책의 영향을 받아 단 한 명이라도 책 읽는 삶을 시작하고 인생이 변했으면 좋겠다.

'천천히 꾸준히' 블로그를 통해서 독서하고 발전하는 내 모습을 보여주니, 이에 자극을 받아 책 읽기에 동참하는 사람이 많다. 시간이 지나 그렇게 독서를 시작한 분들이 한 명씩 나에게 책으로 변한 자신의 인생을 간증해 준다. 저자로서, 독서가로서 뿌듯하다.

"책 읽기를 정말 잘했어!"라고 난 항상 이야기한다. 나뿐만 아니라 이 책을 읽는 여러분도 그랬으면 좋겠다. 내 인생은 책을 본격적으로 읽기 시작하기 전과 후로 나뉜다. 전과 비교도 할 수 없을 만큼 변했다. 엄청나게 긍정적인 변화였다.

덕분에 이렇게 글도 쓰고, 책도 펴내고, 강의도 할 수 있었다. 꾸준히 나를 찾는 사람이 있는 건 전적으로 책을 열심히 읽은 덕분이다. 나뿐만 아니라 이 책을 읽는 당신도 삶을 바꿀 수 있다. 당연히 이 책은 그 시작일 테다.

제5부

책 읽기의 완성은
리뷰 쓰기

리뷰를 쓰기
시작했어요

책을 읽는 가장 큰 이유는 뭔가를 얻기 위해서다. 순수하게 재미 삼아 읽는 경우도 결국 '재미'를 얻기 위한 것이다. 내가 책을 본격적으로 읽기 시작한 이유도 투자를 배우기 위해서였다.

물론 책을 읽는다고 모든 것을 얻거나 알 수는 없다. 만약 그렇다면 모든 사람이 책을 읽는 데 혈안이 될 것이다. 그러나 현실에서는 책을 읽는다고 성공을 보장해 주지 않는다. 다만 가능성을 조금 높여 줄 뿐이다.

어쩌면 책 읽기는 큰 의미가 없을 수도 있다. 하지만 책을 읽으면서 조금씩 변화하는 자신을 느끼는 건 소중한 경험이다. 책을 읽고 성공한 사람은 이렇게 말하기도 한다. "책을 읽고 생각해야 책을 읽는 진정한 의미를 얻을 수 있다."

처음에 나는 생각 없이 그냥 읽었다. 솔직히 읽기도 버거워 생각할 여유가 없었다. 읽고 내용을 소화하지도 못하는데 어떻게 생각할 수 있겠는가? 아무 생각 없이 읽고 또 읽을 수밖에 없었다. 그런데 언제부터인가 스펀지에 물이 흡수되는 것처럼 내용이 하나씩 들어오며, 나도 모르게 저절로 생각하기 시작했다.

본격적으로 책을 읽기 시작한 지 20년이 지났다. 1년에 120~150권을 읽었다. 어느 순간 책 읽기는 습관이 되었다. 지금도 책을 통해 얻는 것이 무궁무진하다. 그런데 이제는 뭔가를 얻기 위해 책 읽는 단계는 지난 듯하다.

처음 책을 읽기 시작한 때는 내 인생 처음으로 고정급을 받으면서 편안한 삶을 즐기던 시기였다. 독서는 삶의 한 부분처럼 자연스러운 습관으로 자리 잡았다. 읽은 책이 늘어날수록 나 자신도 모르게 그릇에 물이 넘치듯이 이런저런 생각이 떠오르기는 했다. 그러나 심각하게 물고 늘어지거나 더 깊이 파고들 생각은 하지 않았다. 순간순간 생각이 떠오르면 잠시 생각하는 정도였다.

고정급을 받던 행복한 시간이 지나고 다시 야생으로 나오니 무언가 변화가 필요하다는 각오를 다지게 되었다. 지금까지는 그저 책을 읽기만 했다면, 이제부터는 책을 읽고 내 생각을 적어 보자고 마음먹었다. 그렇다고 거창한 서평을 쓰겠다는 생각은 아니었다. 그저 책을 읽고 감상문을 적어 보자는 정도였다.

그때는 다른 사람의 서평을 읽어 본 적도 없었다. 서평을 쓰는 형식도 모르는 채 자유롭게 리뷰를 쓰기 시작했다. 아니, 정확하게 말하자면 감상문을 썼다.

책을 끝까지 읽고 덮었다. 책 겉표지만 보이는 상태에서 감상문을 썼다. 책을 읽고 받은 느낌 그대로 써 내려 갔다. 열심히 쓰다가 막히면 가끔 책을 펼쳐 보기는 했다. 보통 30분에서 1시간 동안 썼다. 쓴 내용을 따로 검토하지 않고 글 작성을 마쳤다.

처음에는 한글이나 워드 프로그램을 이용하여 작성했다. 그런데 파일 보관도 번거롭고 내용을 검색할 때도 불편했다. 어차피 쓰는 감상문인데 블로그에 올리면 더 좋을 것 같았다. 블로그에 글을 올리기 시작했다. 누군가 와서 내 리뷰를 볼 거라고 생각하지 못했다. 단지 쓰기 편하고, 보관과 검색도 편리하여 블로그에 올린 것이다.

리뷰를 쓴다는 건 자기도 모르게 그 무언가를 생각한다는 뜻이다. 나는 리뷰를 쓸 때 책 내용을 구석구석 해부하거나 특정 문구를 적지 않는다. 오로지 내 생각을 적는다. 책은 단지 글을 쓰기 위한 도구일 뿐이다. 책 내용과 상관없이 나만의 느낌을 적었다.

리뷰를 쓰기 시작하고 나서야 다른 사람이 쓴 서평을 읽기 시작했다. 남들은 어떤 식으로 서평을 쓰는지 궁금해졌기 때문이다. 다른 사람의 서평을 보니 어떤 사람은 서평 자체가 또 하나의 작품이었다.

어떤 사람은 책의 좋은 문구를 적고 자신만의 코멘트를 달기도 했다. 꽤 다양한 방법으로 서평을 쓴다는 사실을 알게 되었다. 가끔 서평을 보고 감탄할 때도 있다. 어떻게 그렇게 구석구석 좋은 글귀를 발췌하고 자기 생각을 보여 주는지 놀랍다.

그러면서 다른 사람이 쓴 서평은 내가 쓴 글과 성격이 다르다는 점도 알게 되었다. 내가 내린 결론은 이렇다. '내 글은 서평이라기보다 감상문에 가깝다.' 내가 책을 읽고 본격적으로 생각을 하게 된 계기는 바로 이 감상문을 쓰기 시작하면서부터였다.

아직 안 읽은 책은 다른 사람이 쓴 서평을 읽지 않는다. 그 책에 대한 선입견을 갖지 않기 위해서다. 순수한 내 생각을 쓰고 싶기 때문이다. 이미 읽은 책은 서평을 읽어 보기도 한다. 다른 사람은 어떻게 나와 다른 이야기를 하는지 궁금해서다.

리뷰로
유명해졌어요

　나는 어떤 형식을 갖추고 리뷰를 쓰지 않았고, 누가 내 리뷰를 봐 주는 걸 원하지도 않았다. 그저 내가 쓰고 싶은 대로 썼다. 책을 읽고 좋으면 좋다고, 별로면 별로라고 리뷰를 썼다. 책 내용보다는 내 느낌 위주로 썼다. 가끔 사람들의 반응에 놀랄 때도 있다. 내가 쓴 리뷰를 보고 책을 읽고 싶다는 사람들이 있기 때문이다.

　독서와 리뷰는 또 다른 분야라는 사실을 알게 되었다. 독서는 수동적인 행동이지만 리뷰는 적극적으로 참여하는 행동이다. 책 내용에 동의하든 아니든 리뷰는 그 자체로 새로운 창작이다. 그렇더라도 저자의 이야기와 완전히 동떨어진 리뷰를 쓸 수는 없다. 리뷰는 책을 읽고 관련된 내용을 쓰는 것이기 때문이다.

　리뷰를 쓰기 시작하고 나서 여러 가지 생각지 못한 일들이 벌어졌다. 그중 하나는 바로 책 저자들이 연락해 온 것이다. 누구에게 보여 주기 위해 쓴 글이 아니었는데도 저자에게 직접 연락이 왔다. 참으로 놀라운 경험이었다. 내가 쓴 리뷰를 잘 읽었다면서 고맙다고 말했다. 직접 나를 만나고 싶다는 사람들도 있었다.

한창 부동산 경매 분야의 책을 집중적으로 읽을 때 내가 쓴 리뷰는 모두 부동산 경매 책으로 도배되었다. 부동산 경매 책 저자들이 내가 부동산 경매에 관심이 많고 경매를 시작하려 한다는 것을 알아채고 연락한 것 같다.

아마 나는 그들에게 이제 막 부동산 경매를 시작하려는 초짜처럼 보였을 것이다. 그런데 책 리뷰를 읽어 보니 투자 분야에 완전히 초짜는 아니라는 판단이 들어 좀 의아하게 생각하지 않았을까 싶다.

나는 부동산 경매 책을 읽기 훨씬 전부터 이미 투자와 관련된 책을 많이 읽었고, 인터넷 등을 통해 부동산 경매 지식도 어느 정도 있는 상태였다. 내 리뷰에서 그런 점들이 저절로 묻어 나왔을 것이다.

어떤 분야를 처음 시작할 때 그 분야에서 유명하거나 실력 있는 사람을 만나기는 어렵다. 만나고 싶어도 만나주지 않는 경우가 대부분이다. 나는 의도하지 않았음에도 그들이 먼저 내게 만나자고 연락했다. 망설이지 않고 흔쾌히 수락했다. 좋은 조언을 많이 들을 수 있었다.

당시 내가 쓴 리뷰는 주로 투자 책에 관한 내용이었다. 저자가 운영하는 카페에도 내 리뷰를 올려달라는 부탁을 받기도 했다. 카페에 리뷰를 올렸다. 그러자 사람들이 내게 투자에 대해 질문하기 시작했다.

실전 투자 경험이 없었으니 실력은 별로 없었다. 어쨌든 아는 범위에서 답해주기 시작했다. 점차 투자 분야에서 내 닉네임이 알려지기 시작했다. 정작 실전 투자에 관한 글은 거의 없는데도 말이다.

직접적인 투자 지식이나 경험에 관한 글은 쓰지 않았지만, 투자 책을 읽고 열심히 리뷰를 올렸다. 그랬더니 다른 투자 카페와 재테크 카페에서 칼럼을 써 달라는 요청이 왔다. 리뷰를 올려 달라는 요청도 왔다. 나는 뜻하지 않게 투자를 잘하는 사람이 되었다. 도움이 될 만한 책을 여러 곳에 소개하는 과정에서 내가 점점 알려지기 시작했다.

계속 리뷰만 올리는 것이 마음에 걸려서 내가 했던 투자 중 일부를 공개하여 올리기도 했다. 그러던 중 한 출판사에서 콘셉트가 괜찮다고 출판 제의가 왔다. 이것이 계기가 되어《부동산 경매 따라잡기》라는 책을 세상에 선보이기도 했다. 막연히 책을 내고 싶다고 생각하긴 했지만 이렇게 우연히 책을 내게 될 줄은 꿈에도 몰랐다.

순전히 좋아서 시작했던 리뷰 쓰기는 점점 내 삶에 영향을 미치기 시작했다. 리뷰는 누군가 나를 판단하는 도구가 되었다. 새로운 사람을 만나는 매개체이기도 했다. 누가 내 리뷰를 읽고 댓글을 달면 나도 댓글을 달았다. 그러다가 마음이 통해 직접 만나기도 했다.

그때는 미처 몰랐었다. 여러 사람이 보는 공간에 올린 리뷰가 세상과 소통하는 매개체가 된다는 것을. 이렇게 블로그는 불특정 다수의 사람과 소통하는 소중한 공간이 되었다. 내가 책만 읽고 리뷰를 올리지 않았다면 나의 이미지는 독서와 연관되지 않았을 것이다.

나는 핑크팬더라는 닉네임으로 알려졌고, 핑크팬더라는 이미지는 독서와 연관되었다. 내가 독서가라는 이미지를 가지게 된 것은 꾸준히 올린 리뷰 덕분이다. 그렇게 독서로 다양한 사람과 인연을 맺을 수 있었다. 만약 리뷰를 올리지 않았다면 나는 여전히 혼자서 책을 읽고 있었을 것이다.

기업 경영의 모든 것을 책에서 배운
삼성 창업주 **이병철**

    대한민국에서 가장 막강한 영향력을 가진 삼성그룹을 창립한 이병철은 천석꾼의 아들로 태어나 《사서삼경》을 배우는 훌륭한 교육을 받았다.

    노예를 해방했던 톨스토이에게 깊은 감명을 받아 일본 유학 후 집안의 노비들에게 자유를 주었다. 그리고 도정공장을 세워 삼성그룹의 토대를 마련했다.

    모두가 반대하던 삼성반도체통신을 만들어 일본을 이기겠다는 그의 신념은 결실을 거둬, 마침내 삼성전자는 세계적인 기업이 되었다.

    이병철은 "가장 감명받은 책을 들라면 서슴지 않고 논어라고 말할 수밖에 없다."라고 했다. 《논어》는 이병철이

라는 인간을 형성하는 데 큰 영향을 미쳤다.

심지어 그는 "내 생각이나 생활이 《논어》의 세계에서 벗어나지 못한다고 해도 만족한다."라고 말했다. 그가 신봉했던 《논어》는 짧은 경구 속에 많은 사상과 체험이 응축되어 있는 책이다. 인간과 사회를 바로 세우는 내적 규범이 들어 있고, 인간에 대한 통찰이 있다.

이병철의 기업가 정신은 《논어》의 유교적 가치를 상징한다. 《논어》는 그가 가장 중요하게 여긴 경영자의 자질을 닦도록 이끌어 준 인격의 지침서였다.

좋은 문구는
훌륭한 리뷰의 소재

책 읽기와 글쓰기는 다르다. 책을 읽는다고 꼭 글을 쓰는 것도 아니다. 글을 쓴다고 꼭 책을 읽는다고 할 수도 없다. 그러나 책 읽기와 글쓰기는 떼려야 뗄 수 없는 관계다. 특히 글을 쓰는 사람이 책을 읽지 않는다면 그의 글은 독선과 아집에 빠져 외치는 소리일 수 있다.

읽는 책이 재미없을 수도, 어려울 수도, 흥미진진할 수도 있다. 책을 읽으면서 모르는 것을 배우기도 하고 아는 것을 다시 확인하기도 한다. 이처럼 독서는 저자가 우리에게 알려 주는 내용을 읽는 행위다. 즉 책 읽기는 곧 저자의 생각을 알아가는 과정이다.

책을 읽고 리뷰를 쓰는 건 저자의 생각을 그대로 받아들이는 게 아니다. 내 생각을 새롭게 정의하는 과정이다. 책을 쓴 저자의 생각이 중요한 것이 아니라 책을 쓴 저자의 생각에 관한 내 생각이 중요하다. 나보다 뛰어나고 훌륭한 저자라고 할지라도 그 책은 어디까지나 저자의 생각이지, 내 생각은 아니기 때문이다.

아무것도 모르는 상태에서는 책을 읽는 것 자체도 버겁다. 그래도 끝까지 읽고 내 생각을 적는다면 책 내용을 더 깊게 받아들일 수 있다. 단순히 책만 읽는 것과는 비교할 수 없다.

내 생각을 글로 표현하는 건 쉽지 않지만 방법은 있다. 책을 읽으며 생각을 정리할 때 이런 방법을 활용해 보라.

첫째, 책을 읽으면서 괜찮다고 생각하는 문구가 나오면 펜으로 밑줄을 그어 표시하는 방법.

둘째, 페이지에 따로 포스트잇을 붙이고 메모하는 방법.

셋째, 책을 다 읽고 표시한 부분만 따로 공책에 적거나, 블로그와 같은 인터넷 공간에 적는 방법.

이런 방법은 책을 꼼꼼히 읽게 만드는 효과가 있고, 따로 표시한 문구를 보며 책 내용을 되새기는 효과도 있다.

문구를 적는 게 큰 의미가 없다고 생각할 수도 있다. 하지만 책을 읽으면서 어떤 의미로 다가온 내용을 적으면, 책을 읽을 때 받았던 느낌과는 또 다른 느낌을 받는다. 한 발 뒤로 물러나서 의미를 더 깊게 생각해 볼 수도 있고, 느낀 점을 되새길 수 있다. 이런 점에서 책 문구를 적는 건 큰 도움이 된다.

밑줄을 그어 표시하거나 리뷰를 쓰는 것은 책을 다시 복기하는 작업이다. 누군가에게 보여 주기 위한 게 아니다. 나중에 책을 읽었다는 기억만 날 때가 있는데, 표시했던 문구를 다시 보기만 해도 기억이 되살아난다. 어떤 내용이었는지, 나에게 어떤 의미로 다가왔는지 등을 쉽게 떠올릴 수 있다.

좋은 문구는 모두에게 다른 의미로 다가온다. 즉 같은 책을 읽어도 각자 받는 느낌과 메시지는 다르다. 책을 읽으면서 표시한 문구는 나에게 의미 있는 부분이다. 지금까지 몰랐던 사실을 알게 해주었을 수도 있고, 어떤 것을 일깨워 주는 내용일 수도 있으며, 특별한 영감을 주는 것일 수도 있다.

읽다가 좋은 내용이 나오면 그 즉시 펜으로 밑줄을 긋거나 포스트잇을 붙여라. 그러면 그 문구가 머릿속에 각인된다. 오래 기억하거나 더 잘 이해되는 효과도 있다. 또한 적으면서 되새기게 된다.

리뷰를 쓰기도 쉽다. 책 내용을 요약하고 내가 표시한 문구를 적으면 그 자체로 좋은 리뷰가 된다. 책에 관한 자기 생각을 적고 책의 좋은 점이나 나쁜 점을 적으면 내 생각을 분명하게 적은 것이다. 더 나아가 각 문구에 대한 내 생각을 적으면 훌륭한 리뷰가 된다.

한 권의 책을 읽고 무엇인가를 얻을 때도 있지만 가끔 시간을 낭비할 때도 있다. 하지만 시간 낭비라고 생각한 책에도 괜찮은 내용은 분명히 있다. 그 내용을 적고 추가로 내 생각을 적으면 책 내용을 각색하는 효과도 있다.

이것만으로도 짧은 나만의 책이 만들어진다. 좋은 문구만 모아 놓은 책도 있지 않은가? 책을 읽으면서 발췌한 문구를 모으면 이 세상에 단 하나밖에 없는 나만의 책이 될 수 있다. 그렇게 한 권 분량을 모으면 나만의 멋진 책이 탄생한다. 이렇게 나만의 책을 만들어 보는 건 어떨까?

리뷰를 쓴다는 건
곧 생각한다는 것이다

아리스토텔레스는 "인간은 생각하는 동물이다."라고 말했다. 또 데카르트는 "나는 생각한다. 고로 존재한다."라고 말했다. 인간은 본능적인 부분에서 동물과 차이가 없다. 그러나 인간은 생각하는 고차원적인 정신이 있다는 점에서 동물과 구별된다.

우리는 생각 없이 산다는 말을 많이 한다. 아무 생각도 하지 않고 행동하는 듯한 사람도 종종 본다. 그저 무의식적으로, 습관적으로 반복적인 삶을 사는 사람들을 볼 때 '이들에게 생각이라는 것이 필요할까?'라는 의문이 들기도 한다.

'아~ 귀찮아!' 하면서 드는 오만 가지 잡생각도 생각은 생각이지만, 엄밀히 말하면 '생각한다'는 말에 쓰는 '생각'과는 다르다. 사람은 생각하는 동물이라고 하지만 의외로 생각하지 않고 사는 사람도 많다. 사람이 생각을 하려면 뇌를 자극해야 한다. 사람이 생각할 수 있게 만드는 방법은 여러 가지가 있지만 가장 좋은 건 독서다.

한 권의 책에는 저자의 생각과 갖가지 정보가 담겨 있다. 책을 읽으면 저절로 생각하게 된다. 살면서 지금껏 알지 못했던 것, 기존에 알고 있던 것과 다른 사실, 나와는 다른 생각 등을 만난다.

책의 역할은 여러 가지가 있지만 가장 중요한 건 인간을 생각하게 만든다는 점이다. 물론 책을 읽는다고 반드시 생각이 떠오르는 건 아니다. 생각하겠다는 의지만으로 생각이 떠오르는 건 아니기 때문이다. 책을 읽는 것도 의미가 크지만, 그보다는 책을 읽고 생각하는 것이 훨씬 더 큰 의미를 지닌다.

조금이라도 뭘 알아야 생각을 할 수 있다. 모르면 별 생각이 나지 않는다. 어느 정도 알았을 때 비로소 자연스럽게 생각이 떠오른다. 억지로 생각하는 것보다는 자연스럽게 생각하는 게 더 좋다. 그러기 위해 가장 좋은 방법은 바로 리뷰 쓰기다.

리뷰 쓰기는 생각을 표현하는 것이다. 책 내용 중 저자에게 동의하는 부분, 달리 생각하는 부분에 대해 자기만의 생각을 정리하는 과정이다. 어떻게 보면 리뷰 쓰기는 억지로 생각하는 작업인지도 모르겠다.

글을 쓰려면 특정한 주제를 정해야 한다. 그래야 생각이 잘 떠오른다. 주제가 없으면 글쓰기는 어렵다. 하지만 리뷰 쓰기는 어렵지 않다. 주제가 정해졌기 때문이다. 그저 자기 생각을 적으면 된다. 책이 좋으면 좋은 이유에 대해, 나쁘면 나쁜 이유에 관해 쓰면 된다.

리뷰 쓰기는 화려한 글솜씨를 뽐내거나 어려운 용어를 섞어 가며 지식을 자랑하는 일이 아니다. 책을 읽고 자기 생각을 정리하고 다듬는 작업이다. 누구에게 보여줄 필요도 없다. 대부분 리뷰를 인터넷 공간에 올리지만 리뷰는 남에게 보여주기 위한 게 아니다. 자기 생각을 직접 글로 써서 되새김질하고 확인하는 과정이다.

리뷰를 쓰면 좋은 점이 많다. 책을 읽을 때는 미처 하지 못했던 생각을 떠올리기도 한다. 또 얼핏 생각했던 부분에 대해 좀 더 깊이 있게 생각하기도 한다. 리뷰를 쓸 때 책에 따로 표시한 문구만 적어도 좋다. 그 문구를 적으면서 자기도 모르게 생각에 빠져들 수 있다. 문구를 다시 한번 읽으면서 곱씹어 보기 때문이다. 문구를 적고 이어서 문구에 대한 자기 생각을 적어도 좋다.

나는 내가 읽은 모든 책에 대해 리뷰를 쓰고 있다. 책 내용이나 수준은 상관없다. 읽으면 무조건 리뷰를 쓴다. 그러다 보니 책을 읽으면서 '이 내용은 리뷰 쓸 때 꼭 적어야지.'라고 생각하기도 한다.

리뷰 쓰기는 또 하나의 창작 과정이다. 자기 생각을 쓰는 것이기 때문이다. 책 내용이 생각거리를 던져 주고, 그에 대한 일련의 생각을 글로 표현하는 정신 작용이 리뷰다.

가끔 책 내용과 상관없는 리뷰를 쓸 때도 있다. 책을 읽고 나서 내 생각을 적다 보니 책과는 완전히 동떨어진 생각을 쓰는 것이다. 그러나 그런 리뷰를 보고 그 책을 읽어야겠다고 말하는 사람도 있는 걸 보면, 리뷰 쓰기는 책 읽기와는 또 다른 영역이라는 생각이 든다.

우리나라는 인구에 비해 책 읽는 사람이 적다. 책 읽는 사람 중에 리뷰를 쓰는 사람은 더더욱 더 적다. 또 리뷰를 쓰는 사람 중에 읽은 모든 책을 리뷰로 올리는 사람은 가뭄에 콩 나듯 극소수다. 나는 습관처럼 읽은 모든 책에 대해 리뷰를 쓴다. 사실 이제는 습관을 넘어섰다. 책을 읽고 리뷰를 쓰겠다는 굳은 의지를 실천하는 중이다.

리뷰를 쓸 때마다 알지 못했던 분야에 대해 생각하고, 기존에 알았던 것을 다시 생각하고, 알고 있던 것과 다른 부분을 생각한다. 책이 실마리를 제공하여 새롭게 생각하는 과정을 거치면서 내가 점점 발전하고 있음을 느낀다.

여전히 아는 것보다 모르는 것이 더 많고, 알면 알수록 부족함을 깨닫는다. 책을 읽고 리뷰를 쓰며 생각하는 과정은 내게 큰 도움이 된다. 돈 주고도 살 수 없다. 그 무엇을 준다 해도 바꿀 수 없다. 나의 가장 큰 자산이자 인생의 보물이다.

리뷰 쓰기는 그렇게 어렵고 대단한 것이 아니다. 누구나 쓰다 보면 잘 쓸 수 있다. 다만 연습이 필요할 뿐이다. 그러니 어렵게 생각하지 말고 딱 한 줄부터라도 시작해 보자.

읽고 나서 책에 대한 감상이나 생각을 적으면 그것이 바로 리뷰다. 그렇게 한 줄 한 줄 써나가다 보면, 언젠가는 줄줄 써 내려 가는 자신의 모습을 보게 될 것이다.

독서는 단지 지식의 재료를 얻는 것에 불과하다.
그 지식을 자기 것으로 만드는 것은
오직 사색의 힘으로만 가능하다.

- 존 로크 -

책을 통해 성취의 참 의미를 깨닫고
실천하는 빌 게이츠

역사상 가장 큰 액수를 기부하고 전 세계 부자 순위에서 오랫동안 1위를 놓치지 않은 인물이 있다. 바로 빌 게이츠다. 그는 마이크로소프트라는 회사를 만들어 세계 컴퓨터 시장을 장악하고 인류 역사의 흐름을 바꿔 놓았다.

학교생활을 따분해하던 빌 게이츠에게 그의 아버지는 책을 읽으라고 충고했다. 그 후 도서관의 책을 독파했다. 열 살이 되기 전에 모든 백과사전을 전부 읽을 정도로 엄청난 독서광이었다.

그는 1년에 한 번 '생각 주간'이라 하여 일주일 동안 모든 잡무에서 벗어나, 혼자 조용히 책을 읽으며 생각하는 것으로도 유명하다.

　빌 게이츠의 일생에 가장 큰 영향을 미친 책은 헤밍웨이의 《노인과 바다》다. 노인은 바다에서 오랜 시간 사투 끝에 커다란 녹새치를 잡았지만, 돌아오는 길에 상어 떼가 모두 뜯어 먹고 뼈만 남는다. 그러나 노인에게는 물고기와 함께 사투를 벌였던 것 자체가 엄청난 성취감을 맛보게 해 준 의미 있는 시간이었다.

　빌 게이츠가 큰돈을 기꺼이 사회에 환원할 수 있었던 이유는 최선을 다해 성취하는 그 자체가 중요하지, 소유하는 것은 중요하지 않다는 점을 어린 시절 읽었던 《노인과 바다》를 통해 깨달았기 때문이다.

　그는 책을 통해 인생에서 가치 있는 것이 무엇인지 배우고 그것을 실천하고 있다.

리뷰 쓰기가 주는
커다란 장점

나는 리뷰를 쓸 때 일정 분량 이상 쓰기를 원칙으로 한다. 때때로 '리뷰를 쓰기 위해 책을 읽는 건 아닌가?'라는 생각이 들기도 한다. 나는 1년에 150권 정도의 책을 읽는다. 이는 곧 총 150개의 리뷰를 쓴다는 의미이기도 하다. 내 생각을 글로 150번 이상 표현하고 있다는 뜻이다.

다독에서 벗어나야 그다음 단계의 책 읽기가 시작된다는 말이 있다. 오래도록 남는 책을 읽고 또 읽고, 해체 수준으로 다시 읽으며 생각하는 것이 인생에 큰 도움이 된다는 의미다. 아마도 고전이라고 불리는 책을 염두에 둔 이야기인 듯하다.

오랜 시간이 흘러도 사람들에게 선택되고, 영감을 주고, 깨달음을 주는 고전의 가치는 나도 인정한다. 그러나 꼭 고전을 통해서만 깨달음을 얻을 수 있는 건 아니라고 생각한다.

어쨌든 나는 아직 그 단계에 진입하지 못했다. 읽고 좋았던 책도 다시 읽지 않는다. 다른 책은 없는지 도서관에 가서 살펴본다. 서점에 가서 새로 나온 책이나 미처 몰랐던 책을 뒤적인다. 인터넷 서점에서 적극적으로 홍보하는 책도 확인한다.

어떤 책을 읽는지도 중요하지만 그 책을 읽는 사람의 자세와 태도도 중요하다. 어떤 책이든 단 하나라도 얻을 것이 있고, 정신세계에 자양분을 공급해 준다면 그것으로 충분하지 않은가?

사람들은 대부분 끌리는 책이나 친숙하고 익숙한 분야의 책을 고른다. 이는 비슷비슷한 책을 읽는 결과를 가져온다. 물론 비슷한 분야의 책을 계속 읽는 것도 나름대로 장점이 있다. 한 번 생각했던 부분에 대해 다시 한번 생각하고 내 생각을 좀 더 다듬을 수 있다.

나는 개인적으로 믿을 만한 분들이 추천하는 책이나 내가 끌리는 책을 보는 편이다. 나도 모르게 편식할 위험성이 있다. 읽고 싶은 것만 읽을 가능성이 크다는 말이다. 그래서 분야를 가리지 않고 골고루 읽으려고 최대한 노력하고 있다.

처음 접하는 분야의 책을 읽으면 새로 알게 된 것에 대해 리뷰를 쓴다. 또 내 일상이나 관심사와 연관되어 떠오르는 생각을 적는다. 그리고 책에서 기억나는 부분에 대해 쓴다. 그것이 지금까지 내 머릿속을 떠나지 않고 남아 있는 이유도 생각한다.

내가 본격적으로 책을 읽기 시작한 이유는 오로지 실용적인 목적 때문이었다. 하지만 책을 많이 읽으면서부터 생각이 바뀌었다. 무언가를 얻으려는 실용적인 목적보다 책 읽기 자체에 더 의미를 두게 되었다. 결국 책 읽기는 하나의 습관이 되었고, 내 인생에서 떼려야 뗄 수 없는 나의 정체성이 되었다.

글을 쓴다는 건 생각한다는 것이다. 그런데 글을 쓸 때 아무거나 쓸 수는 없다. 주제와 소재가 있어야 한다. 글쓰기에서 주제와 소재를 정하는 것은 무엇보다 중요하다. 이것이 바로 글쓰기의 시작이기 때문이다.

이 부분에서 나는 가장 확실하고도 분명한 무기를 가졌다고 생각한다. 내가 읽은 모든 책의 리뷰를 쓰기 때문이다. 1년에 150권 정도를 읽으니 최소한 150개의 주제와 소재가 있는 셈이다. 1년 동안 매일같이 써야 할 365개의 글 중 절반은 해결된 셈이다.

쉽게 말하면 글감이 풍부하다. 크게 고민하지 않아도 글을 쓸 수 있다. 어떤 글을 쓸지 고민할 필요가 없다. 주제와 소재가 있으니 쉽고 빠르게 글을 쓸 수 있다. 가끔은 글을 쓰기 위해 책을 읽는 것은 아닌지, 주객이 전도된 것은 아닌지 걱정될 때도 있다. 하지만 글쓰기를 실천하는 데 더 큰 의의를 두고 있다.

책만 읽으면 자칫 위에서 내려다보며 비판만 할 수 있다. 또 지식을 늘어놓으며 교만에 빠질 수 있다. 그러나 리뷰를 쓰면 좀 더 겸손해진다. 글을 쓰며 깊게 생각하고 다른 사람의 생각을 이해하게 되기 때문이다. 사실 무언가를 글로 쓰는 건 남에게 보여주기 위한 측면도 있다. 그렇더라도 글을 쓰는 게 좋다.

글은 자기 생각을 스스로 풀어내는 과정이다. 쓰지 않고 그저 생각만 한다면 온갖 잡생각이 들고 집중하지 못할 때가 많다. 그러나 직접 글로 쓰다 보면 자신도 모르게 생각이 글로 표출되는 경험을 하게 된다.

나는 평소에 이런저런 잡생각을 하는 편이지만 글을 쓸 때만큼은 집중한다. 읽은 책에 대해 다양한 측면을 생각한다. 더 깊게 생각하고 글을 쓴다. 단 하루도 빠짐없이 글을 쓰고 있다.

다양한 분야의 책을 읽고 리뷰를 쓰면 생각의 범위가 넓어진다. 생각지도 못한 생각을 할 수도 있다. 이처럼 글쓰기는 책 읽기 이상으로 이점이 많다.

리뷰를
어떻게 쓸까요?

책 읽기와 리뷰 쓰기는 완전히 다른 영역이다. 사람들은 책도 잘 안 읽지만 리뷰를 쓰는 일은 더욱 드물다. 너무 좋은 책을 읽어서 스스로 뭐라도 리뷰를 쓰고 싶은 경우를 빼면, 리뷰를 써야 할 필요성을 느끼지 않는다.

책 읽기는 그저 남이 써 놓은 글을 읽으면 된다. 그렇게 어렵진 않다. 읽기 싫을 뿐이다. 하지만 직접 글을 쓰는 건 쉽지도 않을 뿐더러 고통스럽기까지 하다. 글쓰기는 상당한 고통을 동반한다. 무엇을 어떻게 써야 하는지 난감하고 막막하기 때문이다.

사람이 느끼는 고통과 두려움 중에 가장 으뜸은 남 앞에 서서 연설하는 것이라고 한다. 재미있게도 글쓰기 또한 이에 버금간다고 한다. 개인적으로 끄적이는 글은 그냥 손 가는 대로 쓰면 된다. 하지만 남에게 보여 주는 글은 읽는 사람의 지식이나 눈높이를 고려해야 한다. 그만큼 글쓰기는 어렵고 힘들다.

리뷰는 책을 읽고 느낀 것을 글로 풀어내는 작업이다. 그런데 꼭 글로 풀어내야 할 이유가 있을까? 그저 책을 읽으면서 좋았던 것을 혼자만 간직해도 된다. 그러나 어떤 식으로 간직하느냐가 문제다. 오래 간직하기 위해서는 리뷰를 쓰는 게 좋다.

리뷰라는 형태로 기록을 남기지 않으면 단기 기억 속에 잠시 머무르다 사라져 버린다. 물론 리뷰를 쓴다고 단기 기억에서 장기 기억으로 넘어간다는 보장은 없다. 그러나 좀 더 오래 머릿속에 남는다. 읽었던 내용을 다시 떠올리고 곱씹는 과정을 거치기 때문이다.

리뷰도 결국 글을 쓰는 일이므로 쉽지 않다. 그러나 좌절하지 않아도 된다. 희망은 있다. 리뷰는 막연한 주제로 글을 쓰는 것이 아니기 때문이다. 300페이지 분량의 책을 읽고 이에 대한 생각이나 느낌을 쓰는 것이다. 범위가 상당히 좁혀진 상태다.

어떤 책이든 읽고 나면 분명히 어떤 생각이나 느낌이 든다. 실망했으면 어떤 부분이 실망스러웠는지, 나에게 도움이 되었다면 어떤 부분에서 도움이 되었는지, 새롭게 알게 된 것이 있다면 어떤 부분인지에 대해 쓰면 된다. 남을 의식하지 마라. 그냥 부담 없이 쓰면 된다. 그것보다 좋은 리뷰는 없다.

리뷰는 남에게 보여주기 위한 글이 아니다. 책을 읽고 스스로 정리하고 되새김질하기 위한 글이다. 잘 쓸 필요도, 유려한 문장으로 멋진 글을 쓸 필요도 없다. 그냥 생각나는 대로 적어도 괜찮다.

책을 읽고 느낀 점을 딱 한 줄만 남겨도 된다. 책을 읽고 든 생각이 자연스럽게 몇 문장씩 이어진다면 모르지만, 그렇지 않다면 딱 한 줄이 그 책을 읽고 얻은 감흥일 테니 말이다.

읽기와 쓰기가 다르듯이 말과 글도 다르다. 누군가와 의사소통을 하려면 말이 꼭 필요하다. 말하지 않으면 상대방이 내 의도를 파악할 수 없기 때문이다.

그런데 우리가 말할 때 거창하고 주옥같은 말을 하려고 노력하는 가? 그렇지 않다. 그냥 입에서 나오는 대로 말한다. 그래서 간혹 생각 좀 하고 말하라는 이야기를 들을 만큼 내 의지와 상관없는 말이 나오 기도 한다.

중요한 순간에는 될 수 있는 한 조심스럽게 생각하며 말하려고 노력하지만 일상생활에서 그런 사람은 없다. 만약 일상생활 속에서 늘 그래야 한다면 온갖 스트레스로 말이 점점 줄어들 것이다. 심지어 아예 말하지 않으려고 할 것이다.

리뷰 쓰기도 말하기와 같다. 말하듯이 부담 없이 쓰면 된다. 글이 조금 부족해도 절대로 창피한 일이 아니다. 글을 잘 써야 한다는 압박 감을 느낄 이유도, 무언가 거창한 글을 써야 할 필요도 없다.

리뷰 쓰기는 남에게 무언가를 주장하거나 남을 설득하는 일이 아니다. 책을 읽고 느낀 점을 말이 아닌 글로 풀어내는 작업이다. 상대방이 "그 책 어때?"라고 물으면 누구나 간단하게 대답할 수 있지 않은가? 그렇게 말하듯이 가볍게 쓰면 된다.

책을 읽고 한 권도 빠짐없이 리뷰를 쓴 지 10년이 넘었다. 솔직히 말해서 리뷰 쓰기는 아직도 쉽지 않다. 블로그에 계속 리뷰를 올리다 보니 사람들의 반응도 신경 쓰게 된다.

개인적으로 별로라고 생각하는 책도 대놓고 말하지 못한다. 완곡하게 표현할 때도 많다. 책을 펴낸 한 사람의 작가로서 책 쓰기가 얼마나 힘든 작업인지 충분히 알고 있기에 차마 심한 말을 할 수가 없다.

리뷰 쓰기의 기본은 나로부터 출발한다. 내가 책을 읽고 느낀 점을 가감 없이 쓰면 된다. 남에게 보여주기 위해 글을 길게, 멋있게, 예쁘게 써야 할 이유는 없다. 리뷰 쓰기는 나를 위한 것임을 잊지 말자.

여전히 리뷰 쓰기가 부담스러워 주저하는가? 친구를 만나 책에 대해 이야기를 나눈다고 생각해 보라. 친구에게 내가 하고 싶은 말을 간단하게 이야기한다고 생각하고 글을 써나가면 된다.

리뷰는 책을 읽어야만 할 수 있는 일이다. 책을 읽지 않으면 리뷰를 쓸 수 없다. 책을 읽어야 이 모든 것이 의미 있음을 잊지 말자.

책 읽기의 완성은
리뷰 쓰기

지금까지 열심히 독서에 대해 얘기했다. 그런데 사실 내가 가장 강조하는 건 책 리뷰다. 리뷰라 하면 다소 거창해 보이니 '독후감'이라 하겠다. 책을 많이 읽는 사람은 생각보다 흔하다. 하지만 리뷰까지 쓰는 사람은 드물다. 나처럼 읽은 책을 모두 리뷰하는 사람은 더 드물다.

내가 다른 독서가와 다른 점은 바로 리뷰를 썼다는 점이다. 《책으로 변한 내 인생》이 처음 출간된 때가 2014년이고, 그 이후 2015년부터 2019년까지 828권을 읽고 리뷰를 올렸다. 거기에 2014년과 2020년까지 포함하면 1,000권이 넘는다. 책 읽기를 게을리하지 않고 한 권씩 한 권씩 읽은 만큼 성장했다.

흔히 책을 읽어도 머릿속에 남지 않는다고 말한다. 서점에서 책을 사서 집에 왔는데 그 책이 서재에 꽂혀 있는 경험을 하는 사람도 있다. 나는 상대적으로 읽은 책과 내용을 잘 기억하는 편이다. 가끔 어떻게 그렇게 책 내용을 잘 기억하냐고 물어보는 사람도 있다.

답은 책 리뷰다. 다시 한번 책 내용을 생각하며 리뷰를 쓰기 때문에 좀 더 오래도록 머릿속에 남는 것이 아닐까 한다. 일종의 반복학습이라 할 수 있다.

《어떻게 공부할 것인가》라는 책에 따르면 인간의 기억은 일주일을 넘기지 못한다. 따라서 오랫동안 기억하려면 일정한 시간을 두고 다시 한번 머릿속에 넣어야 한다. 단기 기억에 있는 걸 장기 기억으로 옮기는 과정이라 할 수 있다. 이것이 책 리뷰로 얻을 수 있는 장점이다.

책 리뷰를 쓸 때 생각을 한다. 책을 읽을 때도 생각을 하지만 리뷰를 쓸 때는 더 많은 생각을 한다. 책을 읽고 느낀 점과 내 생각을 자연스럽게 쓴다. 이렇게 하면 나도 모르는 사이에 생각이 확장되면서 조금씩 성장한다.

내가 운영하는 '52주 독서'에서 이 방법을 활용하고 있다. 52주 동안 일주일에 한 권씩 책을 읽는 온라인 모임이다. 여기서 책 한 권을 읽을 때마다 책 리뷰를 쓰라고 권한다. 강제는 아니다.

처음에 책 리뷰를 쓸 때는 너무 부담스럽고 버겁다. 인정한다. 책을 읽는 것과 글을 쓰는 것은 완전히 다른 영역이다. 스스로 무게에 짓눌려 쓰지 못할 수도 있다. 그런 때는 딱 한 줄이라도 쓰라고 권유한다. 책을 읽고 든 생각을 한 줄이라도 썼을 때 비로소 내 책이 된다. 딱 한 줄이다. 못 쓰겠다는 말은 할 수 없을 것이다.

따로 시간을 내서 쓰기 힘들다면 틈틈이 쓰는 방법도 있다. 도서관에서 대여한 책은 힘들지만 구입한 책은 가능하다. 책을 읽다가 특정 문구나 내용에 감동받아 나도 모르게 생각에 빠질 때가 있다. 그럴 때마다 책 여백에 생각을 적으면 된다. 거창할 필요도 없다. 간단하게 적는다. 그런 것들이 조금씩 쌓여 더 나은 내가 된다.

책을 읽기 전에 책 앞의 빈 공간에 책 읽기 전 느낌을 간단히 적는다. 책을 다 읽은 후에 다시 한번 날짜를 적고 간단한 코멘트를 적는 방법도 좋다.

이런 식으로 읽은 책에 내 생각을 하나씩 적어 놓으면 나중에 큰 도움이 된다. 책을 열어 내가 썼던 글을 가볍게 읽으면 예전에 책을 읽었을 때가 떠오른다. 그때 어떤 생각을 했는지도 기억난다. 스스로 깜짝 놀라는 경우도 많다. 그때보다 더 성장한 나를 발견한다.

책을 읽기만 하면 이런 변화를 잘 느끼지 못한다. 시간이 지나서 뭔가 변했다는 걸 어렴풋이 알겠는데 정확한 실체가 손에 잡히지 않는다. 물론 무조건 이렇게 된다는 건 아니다. 읽은 책과 리뷰가 어느 정도 쌓였을 때 가능하다.

책 읽기는 일주일에 한 권 정도가 가장 좋다. 그 이상 읽으면 더 좋겠지만 처음에는 쉽지 않다. 힘들더라도 일주일에 한 권씩 읽고 책 리뷰를 꾸준히 쓰면 분명히 변화를 느낄 수 있을 것이다.

읽었던 책을 확인하기도 쉽다. 그 책을 읽었는지 가물가물할 때 책 리뷰만 찾아보면 알 수 있다. 쓴 리뷰를 다시 읽으면서 책 내용을 되새길 수 있다. 이건 책만 읽은 사람은 느낄 수 없다. 책 리뷰를 쓴 사람만 느낄 수 있다.

리뷰 쓰기는 내가 성장할 기회를 줬다. 책만 읽었다면 아마 지금의 나는 없었을 것이다. 이렇게 책을 써서 세상에 선보일 기회조차 없었을지도 모른다.

책만 읽었을 때와 다르게, 책 리뷰를 쓰면서부터 좀 더 적극적으로 책을 읽게 되었다. 자신감도 생겼다. 누구에게 보여주려고 시작한 독서는 아니었지만, 리뷰를 쓰면서 자연스럽게 나라는 사람이 노출되었다. 그로 인해 다양한 기회도 얻었다.

지금은 블로그에 책 리뷰를 하는 사람이 많아졌다. 유튜브에 책 리뷰를 하는 사람도 생겼다. 꽤 괜찮은 부가가치를 창출하는 사람도 있다. 이 정도면 해 볼 만하지 않을까? 책 읽기에 그치지 말고 당신도 꼭 책 리뷰까지 연결했으면 한다. 바로 당신을 위해서!

제**6**부

책에 대한
단상

무인도에
가져갈 책

뜻하지 않게 무인도에서 몇 년 동안 살아야 한다고 가정하자. 먹고 사는 데 지장은 없지만 할 것이 전혀 없는 곳이다. 무인도에 책을 몇 권 가져갈 수 있다고 생각해 보라. 밥 먹고 잠자는 시간 이외에 할 것이라고는 책 읽기밖에 없다.

그렇다면 어떤 책을 가져가는 게 좋을까? 몇 년 후 무인도에서 다시 세상으로 나왔을 때는 유행에 뒤떨어지고 크게 변한 세상에 혼란스러울지도 모른다. 그때도 과연 중심을 잡고 잘 살아갈 수 있을까?

소위 문사철이라고 하는 문학, 역사, 철학과 관련된 책은 있어야 한다. 한 번 읽고 다시는 읽지 않을 책이나 유행에 편승한 책은 아무 의미가 없다. 세상에 대한 통찰과 인간(나)이라는 존재에 관해 이야기하는 책, 무인도에서 나왔을 때 근본적인 도움을 줄 책이어야 한다.

몇 년 동안 반복적으로 읽을 책이니 이미 읽었던 책 중에 반복해서 봐도 좋은 책이나, 아직 읽지 않았지만 두고두고 볼 책을 가져가야 한다. 무인도에서 몇 년 동안 지내고 시대에 뒤떨어진 사람이 되더라도, 무인도에서 읽었던 책을 바탕으로 나만의 시선으로 세상을 바라볼 수 있도록 도와 줄 책을 골라야 한다.

나는 지금까지 책을 고를 때 고민한 적이 별로 없다. 읽고 싶은 책을 산 적도 거의 없다. 도서관에 있는 책 중 읽고 싶은 걸 골라서 읽었다. 그런데 읽고 또 읽으면서 남은 인생에 도움이 될 책을 고르려고 하니 심각한 고민에 빠지게 된다.

지금까지 책을 엄청나게 많이 읽었다면 책을 고를 때 훨씬 더 도움이 되었을 것이다. 특별한 목적 없이 읽은 책이 많다 보니 대부분 가차 없이 후보에서 탈락한다. 아직 읽지 않은 책도 해변의 모래만큼 많은데 책을 고르려니 쉽지 않다.

안 읽은 책 중에 남들이 좋다고 말하거나 큰 영향을 받았다는 책들이 있다. 그런데 '내게도 그런가?'라고 자문하면 고개가 갸우뚱해진다. 한 권의 책은 누가 읽어도 똑같은 내용이지만, 읽은 사람마다 받아들이는 것은 천차만별이기 때문이다.

재레드 다이아몬드의 《총균쇠》, 《문명의 붕괴》, 《어제까지의 세계》는 먼저 집어 들어야 할 듯하다. 이 책들은 인류의 발전과 멸망에 대해 이야기하는 책이고 내게 상당히 큰 영향을 끼치기도 했다.

똑같은 인간임에도 왜 어떤 부류는 우수해졌고 어떤 부류는 뒤처졌는지에 대해 알려 준다. 환경론적인 측면으로 접근한다는 한계가 있지만, 인간이 환경에서 자유로울 수 없다는 것은 이미 수많은 실험을 통해 밝혀진 사실이다.

'인류의 흥망성쇠가 개인과 무슨 상관이 있나?'라는 의문이 들 수도 있다. 그런데 개인이 모여 군집을 이루고, 군집이 모여 집단을 형성하고, 씨족사회를 넘어 국가로까지 발전한 인류의 역사를 돌아보면, 현재 우리 사회에서 벌어지는 일도 그 시작은 개개인이다. 개인에 대한 이해와 통찰이 쌓이면, 개인이 모인 사회의 변화를 예측하고 대응하는 데 도움이 된다고 생각한다.

나심 니콜라스 탈레브의 《행운에 속지 마라》, 《블랙 스완》, 《안티프래질》도 두고두고 읽어야 할 듯하다. 이 책들은 기본적으로 투자를 위한 내용이지만 인간에 대해 고찰하기에도 좋다.

인간은 지구를 정복할 정도로 똑똑한 존재지만 인간의 행동은 이해되지 않을 때가 많고 예측하기 어렵다. 세상에서 가장 똑똑한 사람이 하는 최고의 선택 또는 최선의 선택도 결국 잘못된 선택으로 판명난다. 왜 그럴까? 탈레브의 책은 철학, 심리학, 역사 등을 투자와 버무려 이러한 문제에 대해 깊이 있게 알려 준다.

우연히 사라 베이크웰의 《어떻게 살 것인가》를 읽었다. 이 책은 몽테뉴의 생애에 관해 알려주는 책이다. 당시 내 삶과 맞아떨어지면서 다시 한번 '어떻게 살 것인가'를 고민하게 되었다. 물론 책은 내 고민에 대해 어떤 답도 주지 못했다. 그러나 책을 읽고 고민하기 시작해서 현재는 나름대로 결론을 내리고 살고 있다.

그래서 이 책과 함께 몽테뉴의 《수상록》을 가져가겠다. 솔직히 무인도에 가지 않는다면 안 읽을 듯하다. 존재의 의미, 삶, 세상에 대한 성찰이 있으니 무인도에서는 지겨워도 틈틈이 읽을 것 같다.

그리고 역사에 관한 책 한 권을 꼭 가져가야겠다. 우리가 역사를 배우는 이유는 과거를 통해 현재를 알고 미래를 예측하기 위해서다. 그

동안 역사책은 거의 읽지 않았다. 네이버 파워블로거이자 이코노미스트인 홍춘욱 씨가 강력하게 추천한 이안 모리스의 《왜 서양이 지배하는가》를 가져가면 될 것 같다.

인류 역사에서 동양과 서양은 서로 엎치락뒤치락하며 서로 앞서거니 뒤서거니 했다. 그러나 현재 우리가 사는 시대는 서양이 앞서 있다. 그 이유에 대해 두고두고 읽으면서 연구하고 생각하면 큰 도움이 될 것이다.

나는 지금도 투자를 하고 있고 앞으로도 할 예정이니 벤저민 그레이엄의 《현명한 투자자》와 내가 쓴 《후천적 부자》를 가져가야겠다. 투자의 본질과 투자란 무엇인가에 대해 이보다 더 좋은 책은 없을 것이다.

《현명한 투자자》는 주식에 관한 책이고 내용이 어렵다. 그런 만큼 책 내용을 제대로 숙지해서 내 것으로 만들면 나만의 투자관을 정립할 수 있을 거라 생각한다.

내가 《후천적 부자》라는 책을 쓸 당시에는 몰랐지만 시간이 지나면서 알게 된 사실이 있다. 이 책은 투자의 기본적인 마인드와 방법론적인 측면을 폭넓게 다루고 있다. 그래서 다른 책을 볼 필요가 없다고 생각한다. 내용이 쉽고 뻔한 이야기이지만 원래 기본과 본질은 쉽고 뻔하다. 기본과 본질은 쉬울수록 좋다.

문학 소설은 너무 많아 책을 선정하기 어렵다. 일단 문학전집을 가져가고 싶다. 하지만 모두 가져갈 수 없다면 빅토르 위고의 《레미제라블》(5권)을 고르는 것이 좋을 것 같다. 방대한 양이어서 오래도록 읽을 수 있기 때문이다.

작품의 시대 상황과 내용도 다양하다. 보수와 진보의 대결, 가진 자와 가지지 못한 자의 대립, 정의와 이상에 대한 다양한 관점을 볼 수 있다. 또한 그 안에서 피어나는 사랑 등 다양한 주제가 담겨 있다. 이 책만으로도 여러 가지를 생각해 볼 수 있을 것이다.

벌써 가져가야 할 책이 16권이나 된다. 이 책들을 읽고 세상에 대한 혜안이 생겨 현명하게 살아가면 좋겠다. 그러나 아마도 그럴 리는 없을 것이다. 1년에 수백 권씩 읽고 몇십 년 간 1만 권이 넘는 책을 읽었음에도, 그저 조금 더 똑똑하고 조금 더 알 뿐인 사람도 제법 많은 걸 보면 말이다.

이 책들을 통해 여러 관점으로 다양한 생각을 이리저리 해 봤으면 좋겠다. 세상을 바라보는 나만의 관점, 가치관, 인생관, 세계관을 가질 수 있기를 바란다. 그러면 세상에서 일어나는 일에 넋 놓고 있다가 자신도 모르게 당하지는 않을 것이다. 혼자 자립해서 헤쳐나갈 수 있는 정신적 바탕이 마련되지 않을까 생각한다.

단, 위의 책들은 단지 출발점에 지나지 않을 뿐이다. 우리 인생과 삶이 생각대로 쉽게 풀린다면 얼마나 좋겠는가? 끊임없이 시행착오를 거치며 조금씩 실수를 줄일 수 있을 뿐이다. 어쨌든 책이 조금이라도 도움이 된다면 큰 의미가 있지 않을까?

한 권당 최소 5번 이상은 읽을 수 있고, 그만큼 생각도 더 많이 하게 될 것이다. 그렇게 열심히 읽고 무인도에서 나오는 날, 엄청나게 달라진 나 자신과 만났으면 하는 바람이다.

1일 1장 1분

책을 읽고 싶은 마음은 있지만, 책 읽을 시간도 여유도 없어 못 읽는다는 사람이 많다. 그런데 솔직히 책 읽을 시간은 없어도 다들 텔레비전도 보고 영화도 보고 있지 않은가? 책 읽을 시간이 없는 게 아니라 책 읽을 마음이 없다는 게 정확한 표현일 것이다.

책 한 권 읽기는 별것 아닌 듯해도 실제로 해 보면 쉽지 않다. 책 한 권을 읽으려면 다른 걸 하지 않고 시간을 할애해야 한다. 독서가 잠시 가볍게 짬을 내서 할 수 있는 것이라면 누구든 부담 없이 책을 읽을 수 있을 것이다.

하지만 대부분의 책은 200~300페이지 정도이고 두꺼운 책은 1,000페이지나 된다. 마음처럼 쉽지 않다. 30분에서 1시간 정도 투자해서 책 한 권을 다 읽는다면 얼마든지 읽을 텐데, 며칠이나 몇 주 동안 계속 읽어야 한다는 부담감 때문에 쉽게 손에 잡히지 않는다.

직장인은 아침에 힘겹게 일어나 러시아워에 시달리며 출근한다. 상사 눈치를 보며 티도 나지 않는 일을 하루 종일 한다. 저녁에 또다시 인파에 시달리며 퇴근하고 집에 와서 밥을 먹는다.

그러면 편안하게 텔레비전이라도 보면서 하루의 스트레스를 풀고 싶을 것이다. 책을 읽고 싶은 마음도 들지 않을 것이다. 이런 생활을 반복하면 책 읽을 시간이 없다.

이제 주 5일제가 정착되었다. 그나마 여유롭게 쓸 수 있는 시간이 주말이다. 주말에는 평일에 하지 못했던 개인적인 일을 한다. 친구도 만나고 가족과 시간도 보낸다. 남들에게 뒤처지지 않기 위해 무언가를 배우기도 한다. 결국 책 읽는 시간은 사치에 가깝다.

그러나 사람들의 마음 한구석에는 '책을 좀 읽어야 하지 않을까?'라는 불안감이 있다. 책을 읽으면 도움이 되는 걸 누구나 알기 때문이다. 블로그에 책 리뷰를 올리면 "책 읽기는 참 좋은데 읽을 시간이 없네요."라는 사람도 있고, "예전에는 책을 읽었는데 쉽지 않네요."라는 사람도 있다. 그러면 나는 이렇게 답한다. "그럼 오늘부터 하루에 한 페이지씩 읽으면 되죠!"

하루 한 페이지면 1년에 365페이지를 읽을 수 있다. 1년에 한 권을 읽고도 남을 시간이다. 감질나게 하루에 한 페이지를 어떻게 읽냐고 생각하는 사람이 많겠지만, 읽지 않는 것과 비교가 되겠는가? 한 페이지가 너무 적다고 생각되면 두 페이지를 읽으면 된다. 그렇게 하면 1년에 최소한 두 권을 읽을 수 있다.

비결은 아주 단순하다. 지금 이 순간 시작하는 것이다. 우리 주변에 성공한 사람이나 큰 성취를 이룬 사람이 과연 처음부터 그런 위치에 있었고 인정받았을까? 그들도 처음이 있었다. 누구나 처음에는 시작하기 어려웠을 것이다. 하지만 어려운 상황이라도 일단 시작했다는 사실이 중요하다.

책 읽기도 마찬가지다. 책을 집어 들고 첫 페이지를 읽기 시작하면 된다. 그렇게 하루에 한 페이지라도 매일 읽어 나가라. 분명히 끝까지 읽은 자신을 만날 것이다. 첫 페이지를 읽고 재미있으면 나도 모르게 궁금증과 호기심이 생긴다. 그럼 하루에 열 페이지를 읽는 날이 온다. 1년에 책 한 권이 아니라 한 달에 한 권을 읽을 수도 있다.

마크 트웨인은 이렇게 말했다. "앞서가는 비밀은 시작하는 것이다. 시작하는 비결은 복잡하고 어려운 일을 관리하기 쉬운 작은 조각으로 나누고, 가장 첫 번째 조각에 덤벼드는 것이다."

우리나라 속담으로 이야기하면 "천 리 길도 한 걸음부터"와 같다. 시간이 없어 책을 못 읽는 것이 아니라 시작하지 않는 것이다. 책 읽을 여유가 없는 것이 아니라 의지가 없는 것이다.

아무리 어려운 책이라도 하루 한 페이지 읽는 데 10분이 넘지 않는다. 하루에 딱 10분만 쓰면 된다. 쉬운 책은 1분 만에 해치울 수 있다. 하루 한 페이지 읽을 시간도 없다고 말하지는 못할 것이다. 시간을 촌각으로 나눠 쓰는 바쁜 사람도 하루 한 페이지를 읽을 1분은 있다.

실천이 곧 답이다.

1일 1장 1분!

판타지
재테크 책

남성과 여성은 각자의 로망이 있다. 여성은 로맨스(소설, 드라마, 만화, 영화)를 좋아하고, 남성은 무협, 스포츠, 액션 활극을 좋아한다. 이는 세상이 요구하는 역할과 사회적 환경에 의해 남성과 여성이 살아남기 위한 방편으로 자연스럽게 터득하고 체득한 생존 본능과 관련이 깊다.

여성이 좋아하는 로맨스 소설의 여주인공은 특별히 흠잡을 것이 없고, 딱히 내세울 것도 없는 여성이다. 약간 새침하지만 쾌활하고 활발한 성격의 소유자다. 많은 사람에게 사랑받지는 않지만 친한 친구들이 있다. 가정사에 약간의 불행은 있을지라도 꿋꿋하게 잘 자랐다. 세상을 바라보는 시선도 늘 긍정적이다.

어느 날 여주인공에게 남자가 나타난다. 정확하게는 남자의 눈에 여주인공이 들어온다. 남자는 대기업 회장의 아들이다. 남자의 성격이 까칠하기는 해도 구김살은 없다. 나쁜 남자 스타일이지만 자신의 여자에게는 지고지순한 사랑을 바친다.

남주인공은 남들이 보지 못한 여주인공의 매력을 발견하고 점점 자신도 모르게 빠져 버린다. 첫 만남은 별로였을지라도 머릿속에 깊게 각인된다. 남주인공은 실력, 재산, 지위를 처음부터 보여 줄 수도 있고, 보여 주지 않을 수도 있다.

둘은 신분의 차이로 인해 어려움도 겪는다. 주변의 반대로 힘들다. 오로지 자신만 믿고 따라오라고 남주인공이 말한다. 여주인공이 사실을 알게 되고 위기를 맞이한다. 하지만 여주인공은 그를 사랑하는 마음으로 힘든 과정을 이겨 내고, 꿈꾸고 원하던 사랑을 얻는다. 남주인공의 사랑과 함께 따라오는 조건은 그저 보너스일 뿐이다.

남성이 좋아하는 무협 속 남주인공은 무척 어려운 어린 시절을 보낸다. 힘들고 어려운 환경이지만 부모는 늘 올바르게 살라고 가르친다. 하지만 현실은 먹고살기도 힘들다. 그래도 긍정적이다. 주변 사람들에게 예의 바르게 행동하고 착한 아이로 자란다. 부모는 아무것도 남겨 주지 않고 갑자기 세상을 떠난다. 남주인공은 혼자 세상에 남아 힘겹게 생존해야 한다.

온갖 고생을 한다. 사기도 당하고 모멸도 받는다. 그래도 세상을 한탄하지 않는다. 내일은 잘될 거라고 믿는다. 그러던 어느 날 귀인을 만난다. 귀인은 남주인공에게 내공을 전수하고 무공을 알려준다. 남주인공은 무림고수가 된다.

이제 그는 모두에게 주목받는 사람이 될 수 있지만, 이 사실을 숨기려 한다. 그러나 운명은 그를 가만히 내버려 두지 않는다. 어쩔 수 없는 운명 속으로 들어간다. 세상을 주유하며 도장 깨기를 한다. 주인공보다 실력이 뛰어나고 내공이 높은 고수를 한 명씩 한 명씩 물리친다.

온갖 고생 끝에 결국 정점에 선다. 모든 사람들의 칭송과 존경을 받는 존재로 우뚝 서는 것으로 끝맺는다.

로맨스 소설과 무협 소설은 서로 장르의 특성이 다르고 소비되는 주체도 다르다. 과거에도 현재에도 미래에도 계속해서 인기를 끌 장르다. 끊임없이 수요를 만들어 내고 계속 시장이 존재할 것이다. 남성과 여성이 추구하는 이상향이 바로 여기에 다 들어 있기 때문이다.

어렵고 힘들어도 역경을 극복하고 정상에 서는 남주인공의 이야기와 여주인공의 모든 것을 알아주고 조건 없는 로맨스를 보여 줄 왕자님과의 이야기를 누가 싫어하겠는가? 현실에서는 벌어질 수 없는 이야기를 읽고 사람들은 대리 만족을 느끼는 것이다.

현실에서는 나의 존재를 발견하고 매력에 빠져드는 멋진 남성도 없고, 거의 모든 것을 갖춘 능력자가 나를 사랑해 주는 일도 없다. 마찬가지로 귀인이 나를 적극적으로 밀어주고 모든 것을 주지도 않는다. 내 실력으로 모든 경쟁자를 물리치고 정점에 서는 일은 더더욱 없다.

생존하기 위해 여성은 본능적으로 능력 있는 남성을 선호한다. 남성은 능력이 없으면 원하는 여성과 연결될 수 없다는 사실을 본능적으로 안다. 결국 현실에서는 이뤄질 수 없으니 판타지로 충족할 수밖에 없다.

모두 부자가 되기를 꿈꾼다. 최선의 방법은 책을 읽는 것이다. 하지만 현실은 비루하다. 각종 매체를 통해 부자의 모습이 우리에게 전달된다. 그런 모습을 보며 나도 어서 부자가 되고 싶다고 생각한다. 몇십 년 후에 부자가 되는 건 의미 없게 느껴진다. 지금 당장 힘들더라도 몇 년만 열심히 하여 부자가 되기를 기대한다.

누구나 빠르게 부자가 될 수 있다고 이야기하는 재테크 책이 눈에 들어온다. 저자는 "투자는 죽어라 고생하면서 하는 것이 아니다."라고 말한다. 머리만 잘 쓰고 남들과 조금만 다르게 생각하면 쉽게 부자가 된다고 주장한다.

"우리가 부자를 꿈꾸는 것은 늙고 병들었을 때 잘 살기 위한 것이 아니다. 한 살이라도 젊었을 때 부자가 되어 마음껏 누리며 살아가기 위한 것이다."라고 이야기한다. 그러니 저자가 말한 방법대로 꿈꾸고 실천하라고 한다. 저자가 알려 주는 방법은 마음을 들뜨게 한다. 왠지 나도 할 수 있을 것 같다. 해 보면 금방 이룰 것 같다.

저자는 해냈다고 이야기한다. 해 보니 별것 아니라고 말한다. 책에 나온 방법을 실천해서 나는 부자가 되었으니, 부자가 되고 싶으면 나처럼 실천하라고 강조한다. 내가 이렇게 부자가 되었으니 당신도 할 수 있다고 한다.

만약 당신이 하지 못한다면, 그것은 저자의 문제가 아니라 제대로 실천하지 않은 당신의 문제라고 말한다. 현재 난 몇십억, 몇백억의 부자라고 당당하게 말한다. 그리고 부자가 된 내 이야기를 믿으라고 한다.

어느 순간부터 재테크 책과 자기계발서는 무협지와 로맨스 소설이 되어 가고 있다. 많은 사람이 무협지와 로맨스 소설을 읽고 소비할수록 남녀 주인공의 이야기가 더 자극적으로 변하는 것처럼 말이다.

재테크 책도 갈수록 뜬구름 잡는 책이 더 주목받는다. 현실에서는 노력해도 부자가 될 수 없고, 실천해도 되지 않는다는 것을 깨닫고 대리 만족을 하는 것이다. 재테크 책을 읽고 부자가 되는 사람은 계속 탄생하지만, 그런 것은 나와 상관없는 이야기라고 생각하게 된다.

희박한 확률을 뚫고 부자가 되는 것에는 관심이 없어진다. 현실을 잊고 판타지를 충족하는 것으로 만족한다. 기본과 기초를 알려 주는 책은 뻔한 사실을 떠드는 책이 되어 버린다. 이미 다 알고 있는 걸 쓸데없이 떠든다고 생각한다.

오랫동안 노력하고 인내해야 부자가 될 수 있다고 주장하면 아무도 관심을 갖지 않는다. 사람들이 원하는 것은 어떤 희생과 대가를 감수하더라도 지금 당장 부자가 되는 것이기 때문이다. 그러면서 마음이 두둥실 들뜬다. 현재와는 다른 미래를 그리며 이미 부자가 된 것 같은 환상을 가진다. 로맨스와 무협지의 주인공이 된 것이다.

우리는 모두 현실 세계에서 살아간다. 부정하고 싶어도 부정할 수 없는 현실의 무게감이 우리를 짓누른다. 잠시나마 우리의 환상을 채워 줄 판타지 재테크 책을 읽는 것으로 위로받는다. 책을 읽는 그 순간은 부자가 될 수 있을 것 같다. 책만 읽으면 원하는 모든 것을 얻을 수 있을 것 같아 행복감을 느낀다.

로맨스와 무협지를 읽을 때는 대리만족을 위해 읽고 있다는 사실을 인지한다. 그런데 판타지 재테크 책을 읽을 때는 이러한 사실을 인지하지 못한다.

사람들은 지루하고 따분한 노력으로 부자가 되는 법을 알려주는 책을 외면한다. 환상을 자극하고 큰 꿈을 꾸게 만들어 주는 책으로 대리만족을 느낀다.

혹 이런 식으로 애써 현실을 잊으면서 살아가고 있는 것은 아닐까?

최고의
공부법은 독서

　부모는 "공부해라"는 말을 입에 달고 산다. 공부해야 최소한 출발선이라도 뒤처지지 않기 때문이다. 부모는 공부로 특별한 혜택을 받은 건 없지만, 공부를 잘해야 사회에서 그나마 대접받는다는 사실을 경험으로 알고 있다. 좋은 직업을 가질 확률이 높아지기 때문이다.

　누구나 학창 시절에는 열심히 공부한다. 그러나 학교 졸업과 동시에 공부도 졸업한다. 공부는 학생 때나 하는 것으로 여기고 더 공부하는 것은 무의미하다고 생각한다.

　《최고의 공부》라는 책에서는 공부 방법을 크게 세 가지로 나눈다.

　첫째, 단순히 암기해서 시험공부를 하는 '피상적 학습자'.

　둘째, 좋은 성적을 내기 위해 공부하는 '전략적 학습자'.

　셋째, 보물찾기하듯이 공부하는 '심층적 학습자'.

　대부분의 학생은 단순 암기로 벼락공부를 하는 '피상적 학습자'에 해당한다. 전략적으로 공부해서 좋은 성적을 내는 '전략적 학습자'는 학생 때 공부를 잘하는 편이다.

자신이 궁금한 지식을 보물찾기처럼 공부하는 학생(심층적 학습자)은 당장 시험 점수는 안 좋을 수 있다. 하지만 시간이 지날수록 피상적 학습자나 전략적 학습자와는 큰 차이를 보이게 된다. 누가 시켜서 하는 게 아니라 스스로 궁금해서 그 분야를 공부하기 때문이다.

심층적 학습자는 모르는 것을 그냥 넘어가지 않는다. 알기 위해 계속 노력한다. 모르는 걸 알게 되었을 때의 쾌감을 즐긴다. 모르는 부분이 나올 때마다 관련 공부를 계속한다. 초반에는 속도가 느리지만 탄탄한 기초를 쌓는다. 결국 무너지지 않는 지식의 성을 쌓는다.

좋은 성적을 얻어 남보다 앞서가기 위한 공부는 참된 공부가 아니다. 모르는 것을 계속해서 탐구하며 새로운 것을 깨우치는 공부가 참된 공부다. 이를 통해 진정한 즐거움을 맛볼 수 있다.

두 가지 공부 방법이 있다.

첫째, 모르는 것이 있으면 혼자서 책을 읽고 고민한다. 그래도 모르면 다시 또 다른 책을 찾아 읽으면서 스스로 계속 답을 찾아간다. 즉 과정을 통해 하나씩 알아 가는 공부 방법이다.

둘째, 자신이 알고 있는 것을 타인과의 토론을 통해 검증하며 공부하는 방법이다.

하버드 대학에서 첫 수업 과제가 나오면 동양인과 서양인은 다른 반응을 보인다. 동양인은 집에 가서 혼자 공부하고, 서양인은 그 즉시 스터디를 조직해 함께 토론한다고 한다. 근대 이후에 서양이 동양을 앞선 이유는 바로 이러한 공부 방법 덕분이다.

심지어 이스라엘 도서관은 2인 1조로 앉게 되어 있다. 책을 보다가 궁금한 게 있으면 옆 사람과 즉시 활발한 토론을 한다. 그래서 도서관이 항상 시끄럽다고 한다.

혼자서 공부하고, 좋은 점수를 받기 위해 공부하는 우리는 서양인처럼 토론식으로 공부하기 어렵다. 모르는 것을 알기 위한 토론에 익숙하지 않다. 일정 수준에 오른 학생들끼리 모여 토론하는 것이 아니라면 특히 그렇다. 천차만별의 사람이 모여 토론하면 나보다 풍부한 지식을 가진 사람에게 논리적으로 설득당하고 주눅들 수밖에 없다.

대안은 바로 책을 읽는 것이다. 즉 심층적 학습법으로 공부하는 것이다. 책 읽기는 궁금한 내용을 찾아 떠나는 하나의 여정이다. 자신의 수준에 맞는 책을 골라 읽고 이해가 되지 않는 부분은 다시 한번 반복해서 읽는다.

비슷한 수준의 다른 책을 읽고 하나씩 배우며 지식을 늘려갈 수 있다. 점점 관련 분야의 지식이 쌓인다. 조금씩 책의 수준을 높이며 읽다 보면 어느 순간 하나씩 보물을 찾는 재미를 느끼게 된다.

우리는 한 분야의 기초부터 전문적인 내용까지 전부 책으로 공부하고 배울 수 있다. 다방면으로 비교하고 검증하고 싶을 때도 마찬가지다. 읽고 있던 책과 반대 관점을 주장하는 책을 읽으면 된다. 이렇게 스스로 검증하면서 지식을 확장할 수 있다.

책으로 공부하는 방법은 언제 어디서나 쉽게 할 수 있어서 좋다. 특별한 장소에서 마음을 다잡고 공부한다는 자세로 읽을 필요는 없다. 집에서는 물론이고, 전철에서, 카페에서 조금씩 책을 읽고 공부하면 된다.

공부하겠다는 강박관념을 가질 필요도 없다. 언제든지 책을 펴고 그 책이 나에게 알려 주는 내용을 조금씩 습득하면 된다. 시험을 치르기 위한 딱딱한 책이 아니다. 그저 부담없이 재미있게 읽으면 된다.

학생 때 하는 공부는 억지 공부다. 성인이 되어 자발적으로 하는 공부야말로 진정한 심층적 공부다. 우리가 존경하는 많은 위인이 했던 방법이다. 알고 싶은 분야의 책을 읽으며 하나씩 궁금한 점을 해결하는 심층적 독서법은 처음에 속도가 나지 않는다. 그러나 결국 머릿속에 영원히 남는 탄탄한 지식을 갖추게 해 준다.

책을 읽는 행위 자체가 바로 공부다. 공부는 거창한 것이 아니다. 책을 읽는 것만으로도 충분하다.

내 인생의 책

책은 한 사람의 운명을 바꾸기도 하고, 고민에 대한 해결책을 제시하기도 한다. 책의 영향을 받아 새로운 인생을 시작하는 사람도 있다.

인터넷 포털에는 책을 소개하는 코너가 있다. 대표적으로 네이버 '지서재(지금의 당신을 만든 서재)'가 있다. 유명인이 자기에게 큰 영향을 미쳤거나, 어려울 때 큰 도움이 되었던 책을 소개한다.

내 인생에 단 한 권의 책을 고르라면 나는 고를 수 없다. 딱 한 권의 책을 통해 세상을 바라보는 것처럼 편협한 시각도 없기 때문이다. 나는 여러 책을 통해 지금의 내가 되었고, 나름대로 세상을 바라보는 시각을 얻었다고 생각한다. 그래서 딱 한 권을 고를 수 없다. 더욱이 그 한 권은 나라는 사람을 규정해 버릴 텐데, 그럴 만한 단 한 권이 있을까라는 의문이 들기 때문이다.

중학교 시절 아는 친구 집에 갔다. 이문열의 《사람의 아들》이 눈에 띄어 책을 집어 들었다. 친구 누나가 그 책을 읽지 말라고 했다. 나는 기독교 모태신앙인데, 친구 누나는 그 책을 읽으면 시험에 든다고 말했다. 무시하고 그 책을 읽었다. 엄청난 충격을 받았다.

내가 알고 있는 하나님 말고 다른 하나님도 존재한다는 액자 구조 형식으로 쓴 그 소설을 보고 작가의 상상력에 감탄했다. 완전히 다른 세계를 알게 된 것이다. 지금은 인간의 상상력이 엄청나다는 사실을 알지만 아무것도 모르는 중학교 시절에는 충격이었다.

고등학교 시절 한창 탐독했던 작품은 김용의 《영웅문》 3부작 시리즈였다. 나는 뭐니 뭐니 해도 제3부 《의천도룡기》 장무기 이야기가 제일 재미있었다. 제1부는 사조영웅전, 제2부는 신조협려, 제3부는 의천도룡기였는데, 나는 내용이 단순한 의천도룡기를 최고로 꼽는다. 어려움을 이겨내고 무협계의 일인자가 된다는 점에서 그렇다.

그 당시에 함께 읽었던 작품은 정비석의 《손자병법》이었다. 이 시기에는 무협 소설을 많이 읽었다. 흔들리는 버스에서도 서서 책을 볼 정도로 대단한 집중력을 발휘했다.

'기다림은 만남을 목적으로 하지 않아도 좋다.'로 유명한 서정윤 시인의 《홀로서기》도 기억에 남는다. 시집은 어느새 서점에서 보기 힘들게 되었다. 그러나 《홀로서기》가 유행할 당시에는 학생들의 책받침이 홀로서기 시로 도배되었다. 다들 홀로서기의 한 대목을 외우고 읊을 정도로 엄청난 인기를 끌었다.

당시에는 꽤 많은 시가 사랑받았다. 사람들이 대화 중에 자연스럽게 시 한 대목을 읊을 정도였다. 서점에도 시집이 꽤 많은 공간을 차지했다. '둘이 만나 서는 게 아니라 홀로 선 둘이가 만나는 것이다.'라는 홀로서기 시구는 지금도 뇌리에 남아 있다.

우연한 계기로 조정래의 《태백산맥》을 읽었다. 만화영화 '똘이장군'에 나온 북한은 괴수고, "공산당이 싫어요"라는 정서가 통하던 당시에 태백산맥은 조금 불온한 책에 속하기도 했다. 이 책은 우리나라 근현대사의 아픔을 그려 낸 작품으로 영화로도 만들어졌다.

문단 여백도 없이 매 페이지마다 글자가 빼곡히 차 있어 힘겹게 읽었다. 그런데 여러 사람과 이 책에 관해 이야기하다가 의외로 10권을 완독한 사람이 없다는 것을 뒤늦게 알았다.

학교 교과서에나 나오는 소설가라고 생각했던 김동리의 《사반의 십자가》는 청소년 시절, 기독교인인 나에게 영향을 미친 작품이다. 설교 시간에 듣고 성경으로 접했던 예수의 삶을 소설이라는 형식으로 알게 해 준 작품이었다. 신으로서의 예수와 인간으로서의 예수에 대해 그리고 제자들과의 관계에 대해 소설만의 심리묘사를 한다. 성경에서 본 예수와는 또 다른 면을 볼 수 있었다.

읽는 책이 아니라 배우 지망생의 연습을 위한 책으로 활용했던 《백세 개의 모노로그》도 있다. 유명 배우의 연기선생으로 유명한 최형인 씨가 여러 작품 중에서 몇 대목을 발췌한 것이다. 책 제목처럼 연기자의 연기 연습을 위한 책이다.

이 책에 장음과 단음을 표시하고, 입에 볼펜을 물고 발음 연습을 했다. 아나운서에게 말하기가 중요하지만 연기자에게도 말하기는 중요하다. 발성이 좋은 배우가 연기도 잘하는 것처럼 말이다. 최소한 하루에 한 페이지씩은 읽었던 것으로 기억한다.

연기자를 꿈꾸며 열심히 연습하던 당시 스타니스랍스키의 《배우수업》도 몇 번이나 탐독했다. 말론 브랜도에 의해 유명해진 메소드 연기는 원래 러시아의 스타니스랍스키에게서 시작되었다.

이 책은 역할의 사람이 되기 위한 방법을 가르쳐 준다. 이론서라기보다는 소설 형식으로 되어 있다. 막 연기를 배우는 학생이 어떤 식으로 연기를 하나씩 알아가고 체득하는지 고민하고 실천하는 내용을 다룬다. 연기자를 꿈꾸는 사람이라면 한 번쯤은 꼭 읽어야 할 책이라고 생각한다.

10대, 20대는 실용적인 목적의 책 읽기를 시작하기 전으로 다음과 같은 책을 읽었다. 서양의 동양 상인 이야기인 《베니스의 개성상인》, 핵 논란과 함께 애국심을 끓어오르게 했던 《무궁화 꽃이 피었습니다》, 기호학자로 엄청난 지식을 자랑하는 움베르토 에코가 중세 음모론을 다룬 《푸코의 추》, 90년대에 은희경, 신경숙 작가가 쓴 소설, 너무 유명해서 읽은 무라카미 하루키의 《상실의 시대》 등이다.

'내 인생의 책'으로 선정하고 소개할 만한 단 한 권의 책은 없지만, 이런 책들이 내 머릿속에 남아 현재 내가 세상을 바라보는 시각을 갖추게 되었다고 생각한다.

어떤 책은 읽고 나서 기억에 남는 게 하나도 없는 것처럼 느껴질 수도 있다. 하지만 결국 무의식에 남아 '나'라는 사람을 규정하는 재료가 된다. 당신에게는 어떤 책이 그런 존재인가요?

책에 대한 단상

과거의 나와 지금의 나는 같은 듯 다른 사람이다. 나라는 사람 자체는 변함이 없다. 하지만 세월이 흐르고 시대가 달라졌다. 나는 그동안 읽고 보고 느끼고 생각한 만큼 변했다.

그동안 조금 늙었다는 점을 제외하면 별 차이가 없을 수도 있다. 그나마 내가 다소 동안(?)이라 그런지 몰라도, 오랜만에 보는 사람은 한결같이 "여전히 똑같으시네요."라고 말한다.

하지만 보이는 겉모습과 달리 내면은 많이 달라졌다. 흐르는 강물은 바깥에서 볼 때 항상 똑같다. 그러나 강물은 늘 다르다. 어제와 오늘이 다르다. 지금 이 순간에도 강물은 멈추지 않는다.

2014년 《책으로 변한 내 인생》을 펴낼 때도 이미 이전과는 다른 사람이었지만, 시간이 지난 지금 나는 또 다른 사람이다. 이런 변화는 전적으로 책 때문이다. 수많은 것들이 나에게 영향을 끼쳤지만 책보다 더 영향을 미친 것은 없다고 단언한다.

앞에서 말한 것처럼 2014년에 이 책을 출간한 이후로 1,000권이 넘는 책을 읽었다. 그때와 지금의 내가 다른 건 당연하다. 같다면 그건 더 말이 안 된다. 지금까지 읽은 책이 나에게 미친 영향만큼 나는 이전과 다른 사람이니 말이다.

앞서 무인도에 가져갈 책 16권을 선정했다. 이미 읽은 책을 포함하여 두고두고 읽을 책을 선정했었다. 《책으로 변한 내 인생》을 읽고 그 책들을 꼭 읽겠다고 말한 분도 많다.

그런데 정작 나는 다 읽었을까? 고백하자면 그렇지 못했다. 《안티프래질》은 나심 탈레브의 다른 책을 읽었기에 굳이 또 읽을 필요가 없었다. 무엇보다 저자가 워낙 허세 가득한 독설로 장황하게 내용을 전개하는 스타일이라 읽지 않았다.

몽테뉴의 《수상록》은 솔직히 잊고 있었다. 개정판을 준비하면서 다시 돌아보고 기억해 냈다. 기회가 되면 꼭 읽어 볼 생각이다.

끝으로 《레미제라블》은 아직까지 만지작거리기만 하고 있다. 5권이나 되고 꽤 두껍다 보니 쉽사리 도전하지 못하고 있다. 책에 대한 욕심이 있다 보니 그 시간에 훨씬 더 많은 책을 읽을 수 있다는 마음이 들기도 했다. 아마도 자꾸 시선이 다른 곳으로 간 탓이리라.

세계문학전집도 도전했었다. 민음사 책으로 골랐다. 전부 읽을 생각이었는데 자꾸 책 권수에 대한 욕심이 생겨서 미뤄졌다. 1권부터 차례로 읽으며 44권째, 헤르만 헤세의 《데미안》까지 읽은 상태다. 한 달에 한 권씩이라도 읽으려고 했는데 어느덧 마지막으로 읽은 게 2017년이다. 조만간 다시 한 달에 한 권이라도 읽어 보려고 한다.

이 책 부록으로 '이럴 땐 이런 책을 읽어 보세요'가 있다. 거기에는 상황별로 읽으면 좋다고 추천한 책들이 있다. 이번에 다시 개정판을 내면서 찾아보니 절판되거나 품절된 책이 좀 있었다. 출판사에서는 이런 책을 제외하고 새롭게 구성하는 것이 좋겠다고 제안했다.

난 고민 끝에 거절했다. 당시에 추천했던 책을 다른 책으로 변경하고 싶지 않았다. 시간이 지나도 좋은 책이라는 생각은 변함이 없다. 물론 지금 쓴다면 다른 책으로 구성했을 가능성도 있다. 그럼에도 그 당시에 추천했던 책을 존중하기로 했다. 여전히 여러분이 읽으면 도움이 된다고 생각한다.

이 책을 읽은 분들에게 말씀드리고 싶은 게 있다. 아쉽게도 한국에서는 정말로 좋은 책은 금방 품절되거나 절판된다. 이런 책은 미루지 말고 일찍 사 두는 것이 좋다.

베스트셀러가 꼭 좋은 책은 아니다. 많은 사람이 읽은 책이라는 뜻이다. 반면에 정말 좋은 책인데도 사람들의 관심과 선택을 받지 못해 사라지는 책이 많다. 초대박 베스트셀러 한 권보다 좋은 책이 시장에서 꾸준히 선택받는 게 더 좋은 독서문화라고 생각한다. 좋은 책을 많은 사람이 읽었으면 하는 게 내 솔직한 바람이다.

최근에는 유튜브에 책이 소개되어 역주행하는 경우도 있다. 심지어 절판된 책이 다시 출간되기도 한다. 많은 사람들이 해당 출판사에 요청했기 때문이다. 내가 추천한 책도 그랬으면 좋겠다.

해당 출판사에 꾸준히 요청하면 출판사도 재출간을 고려하게 된다. 새로운 책을 펴내는 것도 의미있지만, 사람들이 찾는 책을 다시 출판하는 게 출판사 입장에서도 좋다.

그러니 해당 책이 품절되었더라도 좌절하거나 포기하지 말고, 출판사에 전화하여 책이 있냐고 문의해라. 혹시 출판사에 재고가 남아 있으면 택배로 받을 수 있다. 재고가 없다면 재출간 계획은 없냐고 물어라. 이런 사람이 많으면 좋은 책을 다시 세상에 선보일 수 있다.

나는 지금까지 단 하루도 책을 안 읽은 날이 없다. 여행을 가서도 읽었다. 정 힘들면 하루에 1페이지라도 읽었다. 너무 바쁘고 피곤한 날에도 잠자기 직전에 의식적으로 읽었다. 아무리 힘들어도 '1일 1장 1분'을 실천했다.

가끔 아픈 날도 있었지만 그런 날에도 읽었다. 기쁜 날이든 슬픈 날이든 1페이지는 읽었다. 생활 속에 자연스럽게 스며든 습관처럼 읽었다. 이 정도는 누구라도 할 수 있지 않을까? 서두르지 말고 그렇게라도 조금씩 책 읽는 습관을 들이면 된다.

책은 거창하지도 대단하지도 않다. 그저 종이일 뿐이다. 그 책을 읽은 내가 대단해지거나 거창해진다. 이 책을 읽은 여러분이 아주 조금이라도 대단해지길 기대한다. 그 시작이 《책으로 변한 내 인생》이었다 말해 준다면 저자로서 더할 나위 없이 기쁘겠다.

부록

**이럴 땐
이런 책을
읽어 보세요!!**

《낯선 사람 효과》
리처드 코치, 그렉 록우드 공저 · 박세연 옮김 · 흐름출판

이 책에서 이야기하는 개념은 허브(hub), 강한 연결, 약한 연결이다. 흔히 강하게 연결된 사람에게 많은 도움을 받는다고 생각한다.

하지만 갈수록 강하게 연결된 사람보다 약하게 연결된 사람에게 더 많은 기회가 나오고, 더 많은 도움을 받는다고 한다.

갈수록 발전하는 이 사회에서 수많은 기회가 우리를 스쳐 지나간다. 우리는 그런 기회를 가까운 사람에게서 얻는 것이 아니라, 가끔 만나는 사람에게서 얻는 경우가 더 많다는 것이다.

《마음을 훔치는 사람들》
마크 고울스톤, 존 얼맨 공저 · 박여진 옮김 · 흐름출판

이 책은 '단절된 영향력'과 '연결된 영향력'이라는 용어로 세상에 영향을 끼치는 사람들을 설명한다. 내가 영향력을 제대로 발휘하고 상대방이 진정으로 받아들인다면 연결된 영향력이다.

반면에 나만 만족하고, 상대방은 나를 다시 만나고 싶지 않거나 가까이하고 싶지 않은 사람이라고 여기다면, 단절된 영향력을 행사하는 사람이다.

진정으로 연결된 영향력을 행사하는 사람은 자기 입장에서 이야기하지 않는다. 상대방 입장에서 이야기한다. 세상에는 백인백색의 사람이 산다. 모든 사람이 나와 같은 생각이나 가치관을 가질 수 없다. 그렇기에 내가 아닌 상대방 입장에서 결정해야만 그들이 내 진심을 알아주고 따른다.

《기브 앤 테이크》
애덤 그랜트 지음 · 윤태준 옮김 · 생각연구소

사람은 기버(giver), 테이커(taker), 매처(matcher)라는 세 부류로 나눌 수 있다. 기버는 주는 사람, 테이커는 얻기만 하는 사람, 매처는 받아야 주는 사람을 말한다. 우리는 대부분 매처에 해당한다. 받아야 주거나, 주었으니 받을 것이라고 기대한다. 다른 방식으로 돌려받을 것이라고 기대하지 않는다.

반면 기버는 자신의 도움으로 상대가 변하고, 그 사람에게 이익이 된 것만으로도 기쁨을 느낀다. 남에게 이용당하는 기버와 달리 성공한 기버는 자신의 이익을 함께 공유한다. 단순히 남을 도와주는 것에 그치지 않는다.

성공한 기버는 성공 의지가 강하고 노력한다. 이 점이 실패한 기버와 다르다. 하지만 기버로 살면 사람들에게 이용당할 위험이 있다.

대부분의 사람은 매처에 해당한다. 도움을 받았으면 도움을 주려고 노력한다. 이 책은 우리가 일반적으로 생각하는 것과 반대의 이야기를 해 준다는 점에서 읽고 생각해 볼 만하다.

《나는 남들과 무엇이 다른가》
정철윤 지음 · 8.0(에이트포인트)

왜 나와 타인의 차별성에 대해 생각할까? 타인과의 비교를 통해 나만의 독특하고 뛰어난 점을 발견할 수 있기 때문이다. 나의 여러 특징 중 한 부분에 대해 생각해 보는 것은 남들과 다른 자신을 들여다보는 일이다.

자신만이 가진 강점과 약점이 무엇인지 진지하게 생각해 보고, 이를 토대로 무언가를 시도하고 실천하는 사람은 의외로 드물다. 따라서 나는 남들과 무엇이 다른지 진지하게 생각해 보는 건 큰 의미가 있다.

《콰이어트》
수전 케인 지음 · 김우열 옮김 · 알에이치코리아

외향적인 성격의 사람은, 다른 사람이 자극을 주고, 넌 할 수 있다는 용기를 심어 주고, 잘하라고 타박하면, 이에 반응한다. "그래 까짓것 할게."라고 말하며 열심히 한다.

반면 내성적인 사람은 오히려 역효과가 나타난다. 내성적인 사람은 최대한 기다려 주면서 잘한다고 칭찬하고 다독여 줄 때 비로소 능력을 발휘한다.

지도자나 관리자가 이런 차이점을 모르고 무조건 으박지르면 실패할 수밖에 없다. 따라서 지도자나 관리자는 개인의 성격에 따라 달리 접근하여 잠재력을 끌어내야 한다. 내성적인 사람이 문제를 가진 건 아니다. 단지 그의 성향에 맞춰 행동하면 된다.

한국인 대다수가 내성적인 성격이라고 한다. 외향적인 성향이 높은 미국인에 맞춰 쓴 자기계발 서적을 무조건 따라 하면 힘든 이유가 바로 여기에 있다.

《어떻게 살 것인가》
사라 베이크웰 지음 · 김유신 옮김 · 책읽는수요일

이 책은 몽테뉴의 삶, 사고, 철학을 소개한다. 몽테뉴라는 한 인물의 사상을 통해 우리가 인생을 어떻게 살 것인가에 대해 이야기한다.

그 당시 사람들의 사고를 몽테뉴의 관점에서 설명한다. 또 이후 사상가들이 몽테뉴를 어떻게 바라보았는지 이야기한다.

몽테뉴가 많은 사람과의 교류를 통해 받아들이고 거부한 것, 그리고 저자의 몽테뉴에 대한 생각이 함께 버무려져 이야기가 진행된다.

삶의 의미를 찾고 싶을 때 의미를 던져줄 수 있는 책

《혼자 책 읽는 시간》
니나 상코비치 지음 · 김병화 옮김 · 웅진지식하우스

책을 읽는 행위는 '치유'를 줄 수 있다. 삶의 늪에 빠져 허우적거릴 때 책은 우리에게 위안을 주고, 아무 말 없이 지켜봐 주며, 친구가 되어 준다.

상처와 감정의 기복은 도망가면 갈수록 더욱더 기를 쓰고 쫓아오게 되어 있다. 오히려 그것을 온몸으로 받아들이는 게 상처를 극복하는 데 도움이 된다. 그러나 이렇게 하는 사람은 거의 없다.

어릴 때부터 친구처럼 지내면서 많은 것을 함께한 언니가 암으로 세상을 떠난 후, 저자는 힘든 삶 속에서 하루 한 권의 책을 읽기로 하고 실천한다. 그 과정에서 저자는 상실감을 극복한다. 책을 통해 만난 사람들에게 치유받고 세상을 더 넓게 보게 된 것이다.

《죽음의 수용소에서》
빅터 프랭클 지음 · 이시형 옮김 · 청아출판사

수용소 환경은 열악하다. 부족한 잠과 부족한 식량 때문에 언제 질병으로 쓰러질지 모른다. 저자는 나치 수용소에서 겨우 바람만 막는 정도의 옷을 걸치고 있었지만, 환경에 적응하여 심한 추위에도 감기와 동상에 걸리지 않았다.

오늘 죽을지 내일 죽을지 모르는 수용소 환경에서

누군가는 살아남았고 누군가는 생을 마감했다. 단지 운만으로 그런 결과가 나온 건 아니다. 인간의 의지도 큰 역할을 한다. 인간은 외부 환경과는 상관없이 스스로 삶을 선택할 자유가 있다.

책에 "그렇게 힘든데 왜 자살을 하지 않으시나요?"라고 묻는 내용이 나온다. 이 질문을 하면 자살을 생각했던 사람도 자살하지 않았다고 한다. 역설적인 질문이 오히려 그 사람의 강박관념을 풀어 버린 것이다.

무엇인가에 대한 두려움을 갖고 있다면 감추려 하지 말고, 차라리 그것을 사람들에게 알리겠다고 마음먹어라. 이것만으로도 두려움의 해결이 가능하다.

《살아야 하는 이유》
강상중 지음 · 송태욱 옮김 · 사계절

일본의 3.11 대지진과 원전사고 이후에 일본 사람들은 삶이 무엇인지 혼란스러워한다. 저자는 자살한 아들에게 미처 하지 못했던 이야기를 하는 형식으로 이런 문제를 풀어낸다.

현대인은 진짜 자신의 모습을 찾고 싶어 한다. 하지만 그로 인해 오히려 불행하고 힘들어질 수 있다. 나는 이미 세상에 태어나 삶을 살고 있는데, 진짜 나를 찾는 게 무슨 의미가 있는 것일까?

우리가 행복해지기 위해서는 현재의 자기 자신을 인정하고, 있는 그대로 받아들여야 한다. 어디에 어떤 모습으로 존재하든지 그것은 모두 자신의 모습이다. 이 책은 불안과 좌절 속에서 우리가 살아야 하는 의미를 보여 준다.

삶의 소중함을 일깨워 주는 책

《문어별아이 료마의 시간》
신보 히로시 지음 · 노인향 옮김 · 지식너머

료마는 청천벽력과도 같은 자폐증 선고를 받는다. 료마는 자폐증만 있는 게 아니다. 자해를 하고, 공황에 빠지면 자신만의 세계에 들어간다. 저자는 아빠로서 최대한 노력하면 료마를 치유할 수 있을 것이라 믿고 여러 가지를 조사한다.

하지만 자폐증은 치유할 수 없고, 평생 안고 살아갈 수밖에 없다는 사실을 깨닫는다. 다행히 료마는 무사히 고등학교까지 잘 마친다. 저자는 아들 료마가 남들보다 발달이 많이 늦지만, 뒤늦게라도 할 수 있는 행동이나 말이 있다는 것에 감사해 한다.

그는 많은 깨달음을 얻고, 복지의 질을 높이기 위한 사단법인 '산들바람 편지'를 운영하고 있다.

《그러니 그대 쓰러지지 말아》
김재식 지음 · 위즈덤하우스

저자의 아내는 '다발성 경화증'이라는 희귀 난치병에 걸린다. 아내는 사지가 마비되어 혼자서 몸을 움직이지 못한다. 기초적인 생활조차도 누군가의 도움이 필요하다. 투병 생활이 길어지면서 가족의 의지만으로는 도와줄 수 없는 일이 많이 생긴다.

저자는 몇 번이나 아내와 같이 죽자고 생각했지만

다시 한번 살자고 마음을 다잡는다. 주변에 도와주는 사람들이 있었기 때문이다. 이름도 모르는 사람이 계좌번호를 물어보고 통장에 돈을 넣어 준 일도 있었다.

이 책은 6년 동안의 일기를 모은 감동 에세이다. 세상은 우리가 생각하는 것처럼 그렇게 각박하지 않다. 이러한 따스함이 세상을 변화시키고, 우리가 힘겨움 속에서 살아갈 이유가 된다.

《1리터의 눈물》
키토 아야 지음 · 정원민 옮김 · 옥당

아야라는 소녀가 '척수소뇌변성증'이라는 불치병에 걸린 중학생 때부터 성인이 된 20대 초반까지 힘겹게 쓴 투병 일기를 엮은 책이다.

아야는 몸을 제대로 가누지 못해 넘어지고 다쳐 점점 상처투성이가 된다. 타인의 도움이 없으면 화장실도 갈 수 없다.

온 가족이 아야에게 집중할 수밖에 없다. 아야는 어머니의 사랑을 독차지해서 다른 형제자매에게 미안한 마음이 가득하다. 그런데 아야는 이를 표현할 수도 없다. 갈수록 더욱 가족에게 의지하며 살아가야 하는 아야의 이야기는 우리에게 많은 것을 깨닫게 해 준다.

내가 가족들에게 얼마나 많은 사랑을 받는지 생각하게 한다. 또 가족들에게 사랑을 제대로 표현하지도 보답하지도 못한 나를 돌아보게 한다.

《탤런트 코드》
대니얼 코일 지음 · 윤미나 옮김 · 웅진지식하우스

이 책은 재능의 비밀을 밝히면서 '미엘린(myelin)'을 강화하기 위한 방법을 소개한다. 무조건 연습하는 것이 아니라, 그 분야에 맞는 연습을 할 때 미엘린을 더욱 강화할 수 있다고 한다. 다시 말해 반복적인 행동과 연습을 통해서 성공할 수 있다고 말한다.

성공하려면 자신의 한계를 조금씩 조금씩 부수고 전진해야 한다. 그러려면 노력을 통해 문제를 하나씩 해결하는 희열을 맛보는 것이 중요하다. 자신의 한계를 정하지 말고, 한계에 부닥쳐도 좌절하지 않고 노력하는 자세를 가져야 성공에 이를 수 있다.

《베스트 플레이어》
매슈 사이드 지음 · 신승미, 유영만 옮김 · 행성비(웨이브)

최고의 운동선수는 재능을 타고난 게 아니다. 상상할 수 없는 엄청난 노력으로 만들어진다. 육상 트랙경기를 보면 특정 국가의 선수가 메달을 휩쓴다. 흔히 이들이 남과 다른 유전적인 요인을 가지고 있을 것으로 생각한다.

그러나 연구 결과는 그렇지 않았다. 어릴 때부터 매일 엄청난 거리에 있는 학교를 달려갔기 때문이었다. 따라서 우리는 능력에 좌절하지 말고 노력에 집중해야 한다. 베스트 플레이어를 만들어 낸 것은 결국 노력이라는 사실이 중요하다.

이런 사례를 통해 끊임없이 자신의 한계를 극복해 나갈 수 있는 본보기로 삼아야 한다. 노력으로 이룬 성취는 실패에 대한 좌절과 두려움을 뛰어넘은 결과다. 그 보상이 얼마나 달콤하겠는가.

《마이클 모부신 운과 실력의 성공 방정식》
마이클 모부신 지음 · 이건,박성진,정채진 옮김 · 에프앤미디어

이 책은 저자가 어떻게 첫 직장을 얻었는지에 대한 이야기로 시작한다. 저자는 면접을 볼 때 최고 결정권자의 휴지통에서 본 미식축구팀 팸플릿과 연관 지어 이야기하였고, 그 결과 취직이 되었다.

모든 사람이 반대했지만 최고 결정권자가 마음에 들어 했다고 한다. 순전히 행운에 의해 지금의 자신이 있다고 이야기한다. 그렇다면 우리는 순수하게 실력으로 성공하는 것일까? 운에 의해 성공하는 것일까? 이런 질문을 던지며 출발한다.

이 책은 모든 사람이 꿈꾸는 성공에 대해 과학적으로 풀어서 설명한다. 왜 운이 작용하는지 알려 준다. 운을 부정할 수는 없지만 실력과 기량에 많은 부분을 할애해야 하는 이유도 설명한다.

예를 들면, 다윗은 자신이 잘하는 것에 집중하여 성공할 수 있었다. 그가 골리앗에게 달려들어 일대일로 싸우려 했다면 백전백패였겠지만, 최대한 원거리에서 골리앗의 약점을 공략해서 성공했다.

이처럼 자신의 기량을 키우는 것이 올바른 성공의 지름길이라고 차근차근 설명해 준다.

《최고의 공부》
켄 베인 지음 · 이영아 옮김 · 와이즈베리

이 책은 공부 유형을 크게 세 가지로 나눈다. 암기로 시험에 대비하는 '피상적 학습자', 좋은 성적을 내기 위해 공부하는 '전략적 학습자', 보물찾기하듯이 공부하는 '심층적 학습자'로 구분한다.

어떤 분야를 공부하든 자기가 부족하다는 걸 깨달은 사람만이 공부한다. 궁금한 것을 알기 위해 계속 공부하다 보니 저절로 남보다 앞서게 된다.

생각하는 과정을 거쳐야만 비로소 공부가 완성된다. 개인이 할 수 있는 가장 좋은 공부 방법은 바로 '쓰는 것'이다. 쓰는 것은 많이 읽은 뒤에 이루어지는 하나의 과정이다. 그러므로 읽는 것이 공부의 출발점이다.

《노는 만큼 성공한다》
김정운 지음 · 21세기북스

'가, 나, 다, 라'를 '가, 다, 나, 라'로 보여 주거나, '가, 나, 다, 란'이나 '간, 낭, 닫, 랄' 같이 새롭게 느껴지게 하는 것이 바로 '창의력'이다.

그런데 창의력은 죽어라 일만 해서는 절대로 생기지 않는다. 오히려 아무 생각 없이 놀 때 이런 창의력이 샘솟는다고 한다.

여유롭게 산책할 때 갖가지 생각이 들고, 평소에 생각지 못한 방법으로 새롭게 문제를 들여다보는 시각이 생겨나는 것이다.

이 책은 이렇게 말한다. "창의력은 무언가 새로운 것을 창조하는 것이 아니라, 기존에 있는 것을 재배치하고 기존과는 다른 방식으로 낯설게 보여주는 것이다."

《공부하는 힘》
황농문 지음 · 위즈덤하우스

이 책은 다양한 공부 방법을 설명하지 않는다. 공부에 집중하는 방법을 설명한다. 결국에는 집중을 넘는 몰입에 대해 말한다.

무언가를 얻기 위해서는 모든 것을 내려놓고 한 가지에 집중하고 몰입해야 한다. 그렇게 해야 문이 열리고 새로운 세계로 진입할 수 있다.

책을 읽는 건 공부에 흥미를 느끼는 것이고, 공부하는 것이다. 책을 꾸준히 읽으면 알고 싶은 욕구가 더 생겨난다. 당연히 지식을 탐구하고 추구하게 된다. 자세히 알고 싶은 분야에 대한 책을 섭렵하면, 조금씩 지식이 쌓이면서 몰랐던 부분을 알아 가는 재미를 느낄 수 있을 것이다.

《경영학 콘서트》
장영재 지음 · 비즈니스북스

경영은 감으로 하는 게 아니다. 데이터를 근거로 정확한 목표를 세우고 거기에 맞게 관리해 나가는 것이다. 예를 들어, 이마트는 요일과 시간대별로 계산 창구에 서 있는 직원의 숫자가 달라진다. 데이터를 조사하고 분석하여 요일별, 시간대별로 계산 창구의 인원을 조절했기 때문이다.

과학적인 데이터를 근거로 합리적인 목표를 세우기 위해서 수학을 활용한 경영은 기업의 필수가 되었다. 소규모의 자영업이라도 '감'으로 하지 않고 수학적 계산으로 정확한 '알고리즘'을 파악해 운영한다면, 더욱 효율적으로 경영할 수 있으며 매출 증대 효과도 볼 수 있다.

《100달러로 세상에 뛰어들어라》
크리스 길아보 지음 · 강혜구, 김희정 옮김 · 명진출판

자신의 상황을 개척하고 과감히 창업해서 성공한 사람들의 이야기를 보여 주는 책이다. 노마드(nomad, 유목민) 창업과 마이크로 비즈니스에 대해 알려 준다. 이 책에 소개한 성공 사례는 대부분 사무실 없이 웹으로 고객을 모아 성공한 경우다.

웹에 자신의 사업을 알리고 사람들이 접속하고 비용을 지불하는 시스템을 만들면, 매우 적은 자본으로도 창업할 수 있고 사업을 안정적으로 꾸려나갈 수 있다. 이 책은 사업이 커져도 직원을 채용하여 회사의 외형을 키우지 않고 아웃소싱(outsouring)하는 1인 창업자들의 이야기로 구성되어 있다.

《비저블 이펙트》
김동준 지음 · 지식공간

이 책에는 '아이디어는 머리가 아니라 눈(EYE)이 만든다'라는 부제가 달려 있다. 좀 더 많은 사람이 보고 느끼고 활발하게 이야기하기 위해, 글로 적고 그림을 그려 각자의 생각을 구체화하고 가다듬고 발전시키는 과정에서, 창의적인 아이디어가 생긴다고 말한다.

그런데 그 아이디어와 생각이 누구를 위한 것인지 먼저 생각해야 한다. 기업이라면 고객을 위한 것이어야 한다. 그렇지 않은 아이디어는 고객이 배제되고 자신의 입맛에 맞는 방향으로 진행되고 만다.

그 제품을 쓰는 사람의 입장에서 생각할 때 비로소 획기적인 제품이 만들어지고 사람들이 좋아할 만한 무엇이 탄생한다.

《문명의 붕괴》
재레드 다이아몬드 지음 · 강주헌 옮김 · 김영사

이 책은 인류사에서 사라진 민족이나 종족의 발자취를 더듬는 내용이다. 문명이 붕괴하는 원인은 크게 다섯 가지가 있다. 인간이 파괴하는 환경, 기후 변화, 적대적인 이웃, 우호적인 이웃의 지원 중단, 사회 문제에 대한 주민의 반응이다.

세계적인 영향력을 가진 다국적 기업이 단기 이익을 위해 움직이지 않고, 자연을 최대한 훼손하지 않고 보존하면서 필요한 자원을 이용하도록 해야 한다. 이것이 결국 더 큰 이익으로 돌아온다는 사실을 깨닫도록 우리가 영향력을 발휘해야 한다. 그러면 인류 역사도 변화할 수 있을 것이다.

《총, 균, 쇠》
재레드 다이아몬드 지음 · 김진준 옮김 · 문학사상

말라리아, 매독, 에이즈, 페스트 등의 균을 이겨 낸 인간의 유전자는 후세에 전달된다. 인간과 맞서 싸운 균은 새로운 변종이 되어 인간에게 다시 침투한다. 인간은 다시 피해를 입지만 또다시 이겨 내면서 질병에 단련된다.

역사에서 새로운 종족끼리 조우했을 때 기술이 우세한 종족이 이기지 않았다. 더 우세한 균을 보유한 종족이 이겼다.

유럽은 다양한 국가가 경쟁적으로 더 좋은 환경과 국가를 만들기 위해 노력하면서 발전에 발전을 거듭한다. 중국은 일단 결정이 내려지면 일사불란하게 일을 처리하지만, 잘못된 결정이 내려지면 더 이상 발전이 없다. 유럽에서는 한 국가의 결정이 그 국가에서만 유효하고, 다른 국가에서는 다른 방식으로 결정되고 발전한다.

이 책은 인류가 각자 고유의 영역으로 발달하고 발전한 이유에 대해 자세히 알려 준다. 또한 무기, 병균, 금속이 인류의 문명을 어떻게 바꿨는지 이야기한다.

《왜 유럽인가》
잭 골드스톤 지음 · 조지형, 김서형 옮김 · 서해문집

중세 유럽은 생활 수준이나 기술이 동양에 비해 뒤처져 있었다. 유럽은 동양의 문명과 문물을 받아들이기 위해 노력한 결과 뜻하지 않게 아메리카 대륙을 발견하였다.

중동 지역에는 거대한 제국이 자리 잡고 있었다. 유럽은 이를 극복하기 위해 노력했고 그 결과 현재의 문화와 과학이 탄생하였다. 뒤처진 유럽이 이슬람 문화와 과학을 만나 기존 사고 체계가 조금씩 깨지면서 새로운 사고를 받아들였기 때문이다. 그전까지 믿었던 사회관, 세계관, 자연을 바라보는 시각과 신에 대한 관점이 변하면서, 유럽은 1500~1850년 사이에 서서히 발전한다. 이때부터 유럽은 여러 면에서 동양을 앞서기 시작했다.

천천히 꾸준히 읽으면
자연스럽게 변한다

　내 인생을 변하게 만든 책 읽기와 리뷰 쓰기에 대한 이야기를 솔직하게 털어놓았다. 이 책을 읽고 독서해야겠다는 마음이 생겼다면 그것으로 이 책의 목적은 달성했다고 생각한다.

　사실 내가 한 일은 책을 읽고 리뷰를 쓴 것뿐이다. 리뷰를 쓰는 데 엄청난 노력이 필요한 건 아니다. 물론 지치지 않고 꾸준히 읽고 쓰는 자세가 필요하기는 하다. 힘들다면 리뷰를 쓰지 않아도 된다. 책을 읽는 것만으로도 당신의 인생은 변할 수 있다.

　투자를 하다 보니 제법 경제적 여유와 시간의 자유를 가진 사람을 만난다. 그들 중 단 한 명도 책 읽기를 게을리하는 사람은 없었다. 그토록 열심히 사는 사람들의 집 안 가득히 꽂힌 책을 보면, 대체 언제 그렇게 책을 읽는지 놀라울 뿐이다. 책을 많이 읽어서 성공한 것은 아닌지 궁금해지기까지 한다.

　만약 책을 읽을 시간이 없다면 내가 앞에서 제안한 하루에 1분 읽기를 시작해 보라. 어느 순간부터 탄력이 생겨 더 많은 페이지를 읽게 되고, 지식이 점점 늘어나는 것을 경험할 것이다. 이로 인해 변화된 자신도 만날 수 있을 것이다.

책을 많이 읽어서 좋은 점은 사흘 밤낮을 이야기해도 모자라다. 책을 읽고 다방면의 지식을 쌓다 보면 전문가 앞에서 감히 이야기하지는 못하더라도, 최소한 누구를 만나든 상대방 이야기를 알아듣는 경험을 할 것이다. 그러면 자신감이 생기고 기회가 보이기 시작한다.

매년 120권 정도의 책을 읽었는데, 이제는 매년 150권 정도를 소화할 수 있게 되었다. 책 읽기는 어렵지 않지만 읽은 책 모두 리뷰를 쓰는 건 쉽지 않다. 과정은 힘들었지만 이것은 내 무형의 자산이 되었다. 그런 이유로 나는 많은 사람들이 책을 읽고 자신의 보물을 발견하기를 바라는 마음에서 이 책을 썼다.

내가 썼던 책 중에서 유일하게 청소년 권장도서로 선정되었던 책이 《책으로 변한 내 인생》이다. 성인을 상대로 썼는데 의외의 결과에 무척 놀랐고 기뻤다. 이로 인해 중고등학생 친구들에게도 이메일을 받았다. "작가님 덕분에 책을 본격적으로 읽게 되었어요."

이런 메일을 받을 때면 쑥스럽기도 했지만 한편으로는 뿌듯한 감정을 숨길 수 없었다. 고등학교 독서모임에서 내 책을 선정하여 읽고 토론했다는 이야기도 들었다. 수많은 도서관에서 '이 달의 책'이라는 플랭카드를 휘날리며 내 책이 소개되는 걸 보기도 했다.

책을 쓴 저자에게 이보다 더 기분 좋은 일은 없다. 수많은 책이 세상에 탄생하지만 조용히 사라지는 경우가 더 많다. 그런 와중에 이 책이 아직까지 사람들에게 선택되고 좋은 영향을 끼치고 있다는 사실이 내겐 더할 수 없는 행복이다.

단 한 명이라도 내 책을 읽고 좋은 변화를 경험하면 좋겠다. 실제로 이미 그렇게 나에게 고백한 사람도 있다. 아주 작은 나비의 날갯짓이 생각지도 못한 큰 바람이 되고 태풍까지 일으키듯이 이 책이 당신에게 새로운 출발점이 되었으면 한다.

무엇보다 이 책을 끝까지 읽어준 당신에게 고마움을 전하고 싶다. 책을 쓴 저자에게 정말 행복한 일이다. 내가 세상에 선보인 책 한 권을 독자가 끝까지 읽고, 감동받고, 선한 영향도 받는다니! 이보다 더 좋을 순 없다(As good as it gets).

언제나 행복과 건강이 함께 하길 바란다. 내 모토처럼 '천천히 꾸준히' 당신의 사고와 삶이 발전하고, 신나는 하루하루가 되기를 응원한다.

핑크팬더 이재범

책으로 변한 내 인생

개정판 1쇄   2020년 5월 15일
개정판 2쇄   2021년 9월 10일

지 은 이   이재범(핑크팬더)
펴 낸 이   묵향
편   집   묵향
디 자 인   송현아

펴 낸 곳   책수레
출판등록   2019년 5월 30일 제2019-00021호
주   소   서울시 도봉구 노해로 67길 2 한국빌딩 B2
전   화   02-3491-9992
팩   스   02-6280-9991

이 메 일   bookcart5@naver.com
블 로 그   https://blog.naver.com/bookcart5
인 스 타   @bookcart5

ISBN   979-11-967439-6-3 (13320)